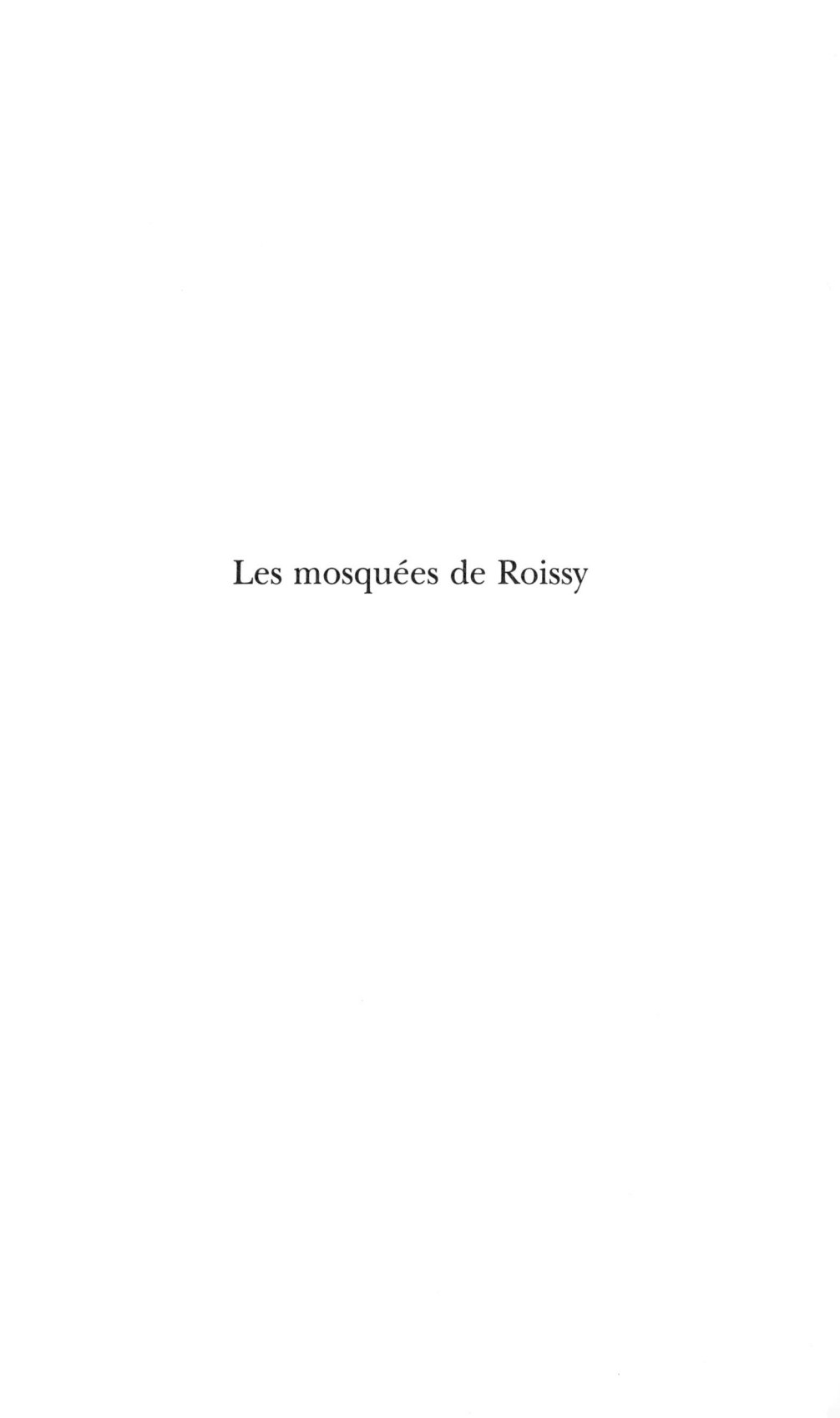

Les mosquées de Roissy

Philippe de Villiers

Les mosquées de Roissy

Albin Michel

© Éditions Albin Michel, 2006

« Le Haut Conseil à l'intégration rappelle unanimement qu'en République, la critique de la religion, comme toutes les convictions, est libre, qu'elle est constitutionnellement garantie et qu'elle fait partie de la liberté d'opinion et d'expression. Elle ne saurait être assimilée au racisme et à la xénophobie, que les membres du Haut Conseil à l'intégration réprouvent et combattent activement.

La pratique de la religion étant libre, l'islamophobie, c'est-à-dire la peur ou la détestation de la religion islamique, ne relève pas du racisme. »

Le Haut Conseil à l'intégration
Rapport annuel 2005

Introduction

Les problèmes de la France s'aggravent. Ils appelleraient des mots forts, des débats vifs, un langage direct et sans détour. Ces mots, ces débats, ce langage, on les entend dans les bistrots ou derrière les étagères à parapheurs des permanences de députés. Pas sur la place publique surveillée par deux polices, la police de la pensée et la police judiciaire.

Au moment où, sous la pression des événements, les digues idéologiques cèdent les unes après les autres, on a, par précaution, renforcé les digues sémantiques, prises dans le faisceau de puissants miradors, eux-mêmes commandés et braqués par de hautes sentinelles morales. Les franchissements de lignes sont immédiatement sanctionnés, balayés par une lumière intense. Pour un mot qui n'est pas agréé par la panoplie sémantique officielle, c'est la mise à l'écart, la ronde des crécelles, l'isolement immédiat en chambre stérile, avec, sur l'ardoise de la porte, le diagnostic du mal : islamophobie, xénophobie, homophobie, europhobie, etc.

Cette grande veille sanitaire s'appuie sur un protocole universel : chacun *se* surveille. Il y a donc désormais une manière d'aborder les grandes questions ou

Introduction

plutôt une manière de contourner les enjeux décisifs, en utilisant un langage de conventions aseptisées, une sorte de petit coffret de mots prêts à l'emploi, dénués de consistance ; ne laissant ni trace ni souvenir, ils épargneront soupçons, poursuites et procès.

Le terrain des confrontations a été consciencieusement piégé à l'explosif par des spécialistes : les mines, qui affleurent à peine, sont des délits d'opinion balisant un chemin de plus en plus étroit entre le blâme moral et la proscription civique. Dans notre pays, aujourd'hui, on ne peut plus librement s'exprimer sur tous les sujets. Sur l'islam en particulier. Le périmètre de la liberté d'expression se restreint de jour en jour.

Ce livre vient se loger dans ce qu'il reste encore d'espace toléré pour l'esprit critique. Avec une démarche qui offre peu de prise aux sentinelles qui gardent un œil sur les insolents et les insoumis, ceux qui parlent. Cette démarche, celle de ce livre, ne consiste pas à nourrir la controverse en proposant de nouvelles idées. Il s'agit d'exposer en pleine lumière des faits, incontournables, vérifiables, qui concernent nos familles quand elles voyagent, nos enfants quand ils prennent le chemin de l'école, nos voisins quand ils vont et viennent dans les quartiers, etc., des faits qui en disent plus long que tous les développements conceptuels, sur l'islamisation progressive de la société française.

Je soumets donc ces faits à la liberté et à l'attention de chacun.

Introduction

J'ai écrit ce livre comme on rédige un document ; en m'appuyant sur des preuves, des pièces à conviction, des dossiers confidentiels, des renseignements et rapports acheminés jusqu'aux plus hautes autorités.

Ceux qui m'ont aidé en me faisant parvenir ces informations avaient sans doute une bonne raison de le faire : le découragement. Ils en ont assez de faire passer par la voie hiérarchique, jusqu'au sommet de l'État, des recensions précises et inquiétantes qui terminent leur périple, de bureau en bureau, sur une étagère, dans le circuit de l'inutile.

Depuis trop longtemps, leurs avertissements se perdent dans les couloirs ministériels. À quoi bon prévenir encore ? Leurs alarmes leur valent même aujourd'hui un vague reproche d'exagération, à cause du risque de médiatisation. À quoi bon tirer encore la sonnette ? Partout se répand un sentiment de capitulation sur fond de lâche soulagement : « Ça pétera sans doute, mais plus tard. »

Chacun se décharge de ce qu'il sait, de son poids d'inquiétude, sur le voisin, sur l'avenir, sur l'équipe qui suivra : on tamponne d'une main tremblante, tout en haut de la note, l'ordre de « ne pas bouger ». Car les élites ont la tête ailleurs : comme les chancelleries en 1938, l'esprit public est déjà à Munich, où il fredonne, face au péril qui monte, la mélopée de « l'apaisement ».

Et c'est ainsi que, petit à petit, on glisse, on cède, on « apaise », on enduit de baume les cordons d'explosifs. La classe politique n'est plus qu'un magma d'ombres recroquevillées, un concours inarticulé de veuleries confondues, un amas informe, incoordonné de morts vivants.

Alors vient le temps où les soldats qui montent la

Introduction

garde se sentent perdus, abandonnés ; le moment où les lanceurs d'alerte n'ont plus d'autre choix que de faire fuiter les informations et de transmettre le flambeau de la vérité crue aux sonneurs de tocsin. Au moins eux, on les entendra, avec leurs sirènes. Car il y a le feu à la maison, il y a péril en la demeure.

Nous voilà soudain projetés aux abords du danger, bien au-delà des catégories traditionnelles de la politique.

Il n'est plus temps de se préoccuper de la couleur des casques des pompiers. Chacun doit s'affairer pour éteindre les départs de feu.

La France est virtuellement prise en otage mais elle ne le sait pas encore.

I
L'INFILTRATION

Depuis que je suis dans la vie publique, à deux reprises, j'ai été amené à enquêter par moi-même sur des sujets qui me tiennent à cœur.

La première fois, ce fut sur l'affaire Urba, à la suite de la publication du livre d'Antoine Gaudino, *L'Enquête impossible* ; il s'agissait de mettre au jour un vaste réseau de corruption et de racket politique. À force de révélations, j'ai tenu la classe politique en haleine pendant un an.

La seconde fois, ce fut sur l'affaire du « Gaucho » et du « Régent » à la suite de la mortalité chronique des abeilles dans notre pays ; il s'agissait de détecter les responsabilités et les complicités de cette lamentable hécatombe[1]. Les grandes multinationales agrochimiques ont tremblé sur leurs bases.

Et voici ma troisième recherche personnelle. Beaucoup plus difficile ; beaucoup plus poussée, beaucoup plus risquée aussi.

Depuis un an, j'ai consacré une partie de mon temps à mener cette troisième enquête. Servi par la chance et

---
1. Cf. mon livre *Quand les abeilles meurent, les jours de l'homme sont comptés*, Albin Michel, 2004.

L'infiltration

aidé par des complicités inattendues, au fil de mes contacts et de mes rencontres discrètes, j'ai tiré, tiré le fil, le fil des islamistes. Il m'a conduit jusqu'à Roissy.

J'invite les lecteurs et les journalistes d'investigation à me rejoindre sur la piste, pour poursuivre ensemble un voyage à fortes turbulences. Cœurs fragiles, s'abstenir.

11 septembre 2001. 9 heures du matin à New York. Les Twin Towers sont traversées de part en part par deux avions détournés depuis Boston. Les tours emblématiques de la puissance américaine s'effondrent sur elles-mêmes. Un peu plus tard, un autre avion s'écrase sur le Pentagone, en plein cœur de Washington, déclenchant une énorme explosion. Puis un Boeing 757 de United Airlines s'écrase près de Pittsburgh, en Pennsylvanie. Les terroristes viennent de frapper l'Amérique et les esprits du monde entier.

Discrètement, dès le 12 septembre 2001, à Paris, on s'affaire. On reprend la check-list de la sécurité aéroportuaire. On découvre alors des failles béantes dans notre système de protection ; l'inquiétude grandit, le silence devient plus pesant. Les rapports s'empilent, tous alarmants[1]. Les recommandations se précisent.

Le ministère de l'Intérieur travaille d'arrache-pied à la rédaction d'un contrat aéroportuaire de sécurité

---

1. Par exemple, le rapport de l'inspection générale de l'Administration, relatif à la « sécurité et la sûreté sur les aéroports de Roissy-Charles-de-Gaulle et Orly » de novembre 2002 (cf. aussi annexe 1).

L'infiltration

avec la société Aéroports de Paris (ADP), les représentants des services de l'État, les compagnies aériennes et les entreprises de la plate-forme Charles-de-Gaulle.

Ce texte, en théorie protecteur, est signé solennellement le 22 décembre 2003. Le ministre de l'Intérieur salue l'événement : « La signature de ce contrat [...] entre services publics et entreprises travaillant à Roissy-Charles-de-Gaulle est une grande première. En effet, il concrétise une coopération en matière d'amélioration de la sécurité. Roissy doit être l'un des aéroports les plus sûrs, sinon le plus sûr au monde. »

Ce contrat aéroportuaire est censé permettre de mieux identifier les « phénomènes de délinquance » ; il prévoit d'ailleurs la création d'un « observatoire de la délinquance ». Toutes sortes de procédures sont recommandées, à partir des normes de l'Organisation de l'aviation civile internationale, « pour empêcher que des armes, des explosifs, ou tous autres engins dangereux, ne soient introduits, dans un but malveillant, à bord d'un aéronef effectuant un vol d'aviation civile ». Parmi les principales mesures de sûreté, il en est deux qui sont particulièrement développées :

– La première vise le fret : il s'agit de « s'assurer que l'ensemble des colis embarqués a été contrôlé en amont, sur le lieu de production ou de chargement ».

Longtemps assumées par les services de l'État, notamment la Police de l'air et des frontières et la Douane, ces tâches sont progressivement confiées à des entreprises privées agréées, dont les agents agissent sous le contrôle des officiers de police judiciaire ou des agents de la Douane.

– La seconde vise le contrôle d'accès. Il s'agit d'« empêcher toute personne malveillante d'accéder à l'aéronef. Chaque aéroport comporte ainsi une zone

L'infiltration

publique (là où se trouvent les parkings, le hall d'enregistrement), librement accessible aux employés, aux groupes et à leurs accompagnateurs, et une autre, dite zone réservée (où on procède à l'embarquement et au tri des bagages), dont l'accès est strictement limité aux personnes dûment habilitées ».

Le blindage paraît donc impénétrable, impossible à perforer. À Roissy, à Orly, au Bourget, on respire ; une ère nouvelle commence, celle de la sécurité aéroportuaire, loin du cauchemar américain.

Pourtant, quelques jours après cette signature spectaculaire, de nombreux spécialistes, policiers et gendarmes, confient leurs inquiétudes : « Un personnel disposant d'un badge d'accès aux zones dites réservées peut déposer sans aucun contrôle un bagage explosif dans la soute d'un avion. À compter du moment où les bagages sont pris en charge par les personnels de bagagerie, il n'y a plus *aucun* contrôle. La vérification doit donc se faire en amont, sur le profil de ces personnels, qui constituent, en termes de sécurité, le maillon le plus sensible de la chaîne d'affrètement. »

Et c'est là que tout se complique. La Police de l'air et des frontières (PAF) de Roissy, chargée de la sécurité du site, a vu passer en 2005 cinquante-quatre millions de passagers. Il y a, en tout et pour tout, dix-neuf policiers pour accorder les habilitations des personnels privés qui travaillent sur la zone réservée, où ne circulent que les porteurs de badges rouges ; dix-neuf, pas un de plus. La procédure d'habilitation est réputée pour sa sévérité. Selon le directeur de la section opérationnelle de sûreté de la PAF de Roissy, le commandant Alain Larance, le « criblage » donne, en

L'infiltration

2005, les résultats suivants : soixante-deux mille neuf cent quarante-trois demandes d'habilitation, pour mille deux cent quatre-vingt-huit avis défavorables ; soit environ 2 % de rejets.

Ensuite, les porteurs de badges rouges sont eux-mêmes soumis à une vigilance continuelle, sanctionnée éventuellement par des procès-verbaux. Le commandant Larance fait état de six cent soixante-dix-sept procès-verbaux dressés en 2005.

Malgré ces précautions, la Police de l'air et des frontières ne cache pas son inquiétude. Son directeur, le contrôleur général Topin, en fait l'aveu : « Nous sommes déjà au taquet en matière de contrôle, si nous ne voulons pas porter préjudice à l'exploitation commerciale de l'aéroport, et, en matière de recrutement, nous voyons bien que des nouvelles menaces se profilent, notamment du côté des islamistes[1]. »

Je veux témoigner ici de l'extraordinaire qualité de tous nos services de renseignements et de détection. Nous avons probablement le meilleur instrument d'information du monde, plus performant que celui des Américains. Mais c'est le pouvoir politique qui ne suit pas, qui ne tient pas compte des notes d'alerte et des messages d'inquiétude qui lui sont transmis. Deux volontés contraires s'affrontent : à la base, la volonté de faire et d'anticiper ; au sommet, la volonté de ne rien faire et de détourner l'attention. Alors chaque jour, la situation s'aggrave.

Il y a quelques semaines, la Police de l'air et frontières a mis en œuvre ce qu'elle nomme un « test

---
1. *Le Figaro*, 24 janvier 2006.

L'infiltration

de performance ». Résultats ? Huit agents ont franchi le portique sans être palpés ; mais plus grave encore, sont passées également aux postes d'inspection-filtrage de l'aéroport, sans être détectées par la sonnerie du portique, huit dagues d'un matériau composite, d'une longueur de dix centimètres. Malgré ces déconvenues, le cabinet du ministre de l'Intérieur affiche une apparente sérénité mais concède que les enquêtes de la DST (Direction de la surveillance du territoire) ont permis de repérer soixante-douze individus suspects, sur environ trente mille dossiers transmis par la PAF depuis le 28 juin 2005. Le directeur de la police de Roissy précise : « Plusieurs des candidats étaient en lien avec le Groupe salafiste pour la prédication et le combat. Les capacités juridiques et la combativité de certains fondamentalistes refoulés par nos enquêtes témoignent qu'ils nous testent. » Or ce groupe est considéré comme l'un des plus dangereux par le ministère de l'Intérieur.

Au moment même de la signature, en grande pompe, du contrat aéroportuaire de Roissy, la PAF adresse aux plus hautes autorités de l'État deux notes alarmantes : la première, datée du 8 juillet 2003, met en exergue la puissance de petits chefs qui « sont parvenus, par toutes sortes de pressions syndicales et religieuses, à obtenir des postes d'encadrement » sur la plate-forme aéroportuaire de Roissy. Un véritable système très organisé s'est mis en place. La seconde note, du 31 décembre 2003, énumère une liste précise de quarante-sept islamistes « exerçant principalement dans les sociétés de sûreté et les sociétés de bagagistes. Ces individus semblent pour la plupart engagés dans

L'infiltration

un islam fondamentaliste modéré. Toutefois, plusieurs employés ont fait l'objet d'une attention particulière en raison de leur prosélytisme sur leur lieu de travail. Ceux-ci affichent leur militantisme religieux et sont engagés dans un islam radical. Le travail de recherche et d'identification d'individus en relation avec l'islam radical est pénalisé par les pratiques des sociétés de sous-traitance qui procèdent au renouvellement constant du personnel et par les sociétés d'intérim de la plate-forme qui recrutent essentiellement dans les quartiers sensibles de la banlieue parisienne ». Le constat est inquiétant. Il y a pourtant pire.

Car à partir de septembre 2005, tout va s'accélérer. On apprend que Safé Bourada, un redoutable terroriste, emprisonné pendant huit ans en France, à la suite de sa participation aux attentats de 1995, à nouveau arrêté en 2004, est suspecté d'avoir envisagé, avec le groupe Amar el-Fath (« Les Partisans de l'islam »), une nouvelle opération. Selon les Renseignements généraux et la DST, il « voulait faire sauter l'aéroport d'Orly, le métro parisien et le siège de la DST, rue Nélaton à Paris », ce qu'il dément[1].

C'est à ce moment-là que mon enquête s'emballe. Je reçois plusieurs paquets. Y figurent de nombreuses pièces : un tract, des articles de presse, plusieurs rapports. Visiblement, on a voulu me donner en même temps le fil et l'aiguille.

Le premier article, extrait de *Ouest-France*, révèle que « vingt-deux bagagistes de l'aéroport de Roissy ont

---

1. À ce stade, S. Bourada est présumé innocent dans cette affaire.

L'infiltration

été arrêtés le mardi 13 septembre 2005. Les gendarmes estiment avoir démantelé un réseau organisé de vol dans les valises [1] ».

Il est spécifié que les vingt-deux bagagistes interpellés appartiennent à la société Connecting Bag Services (CBS) et qu'ils travaillent sur la zone d'embarquement. La société CBS sous-traite le tri des bagages pour Air France, Delta Airlines, Northwest Airlines.

Le deuxième article souligne que, « parmi les bagagistes voleurs, il y a des employés et des cadres ». Alertés en septembre 2004, les gendarmes auront passé un an à repérer et à surveiller les membres supposés de ce réseau. Une cellule d'enquête spéciale, appelée Albatros, a même été créée, « vu l'ampleur des vols commis en zone de triage, à l'abri des caméras de surveillance [2] ».

Des confidences énigmatiques attirent l'attention sur l'organisation qui se met en place : « D'un côté, vous avez des employés qui vivent dans la précarité et ont peur de perdre leur emploi. De l'autre, vous avez les intouchables s'entourant de personnes capables de garder le silence. Ils allaient recruter directement à l'étranger. Les nouveaux venus obtenaient des papiers grâce à cet emploi et se sentaient redevables. On travaillait en clan, entre personnes de même communauté ou de même famille et vivant souvent dans les mêmes quartiers. »

Le tract, qui accompagne les articles, commis par le syndicat Sud-Aérien, explique les raisons de la grève déclenchée le jeudi 29 septembre. Parmi les motifs invoqués, deux revendications attirent mon attention.

---

1. *Ouest-France*, 15 septembre 2005.
2. *Le Parisien*, 16 septembre 2005.

L'infiltration

La première exige le « respect de l'accord sur le non-dépassement de 10 % d'intérimaires par rapport à l'effectif global. Aujourd'hui, la moyenne vacille entre 30 et 40 % ». En clair, cela veut dire que, sur la zone réservée, réputée impénétrable pour les intrus, vaquent librement des intérimaires, ce qui est pour le moins imprudent en termes de stabilité du personnel et donc de surveillance. Car il est plus facile de contrôler, au jour le jour, un personnel stable qu'un personnel qui ne fait que passer.

La seconde exigence intersyndicale me paraît encore plus énigmatique ; elle porte sur l'arrêt du harcèlement permanent des salariés par une certaine hiérarchie : « Rappelons que quatre adhérents et militants Sud-Aérien ont fait l'objet de demandes de licenciement par certains membres de la hiérarchie... aujourd'hui impliqués et mis en examen pour vol et trafic organisé. » On comprend entre les lignes que des pressions sont exercées sur les salariés par une certaine hiérarchie dont on n'ose préciser ni l'origine ni la nature.

Au-dessous du tract se trouvent plusieurs documents, non signés, non datés, mais diablement intéressants par leur précision et leur cohérence avec les coupures de presse et le tract joints. Dès la première lecture, je comprends qu'on a voulu m'éclairer sur cette infiltration qui touche au cœur de la sécurité nationale. Avec ces documents, nous ne sommes plus dans le fait divers, nous sommes devant une affaire d'État. L'inquiétude fait place à la stupéfaction.

Le premier document[1] explique que « le mercredi

---

1. Cf. la note des Renseignements généraux sur la plate-forme Roissy-Charles-de-Gaulle (annexe 1).

L'infiltration

19 octobre 2005 », la Gendarmerie du transport aérien procédait, dans le cadre d'une commission rogatoire, à l'arrestation des vingt-deux bagagistes de la société CBS pour « association de malfaiteurs et vols en bande organisée ». Cette affaire portait à l'origine sur des vols de téléphones portables dans les valises des passagers. L'utilisation de ces appareils cellulaires par des malfaiteurs permettait à la gendarmerie de déboucher sur un réseau de spoliation de bagages. Ces malversations concernaient particulièrement des employés indélicats de la société Connecting Bag Services (CBS), « filiale de la société European Flight Service, elle-même filiale du groupe Vinci ».

La note s'attarde ensuite sur le groupe European Flight Service, avec les précisions suivantes. Comme toutes les entreprises du site aéroportuaire, ce groupe « souffre des conséquences de la politique de recrutement suivie depuis plusieurs années », qui institue une préférence géographique liée à un « bassin d'emplois formé du département de la Seine-Saint-Denis, du Val-d'Oise et de l'Oise ». Le résultat a été l'introduction de « délinquants de ces secteurs à fort taux de criminalité [...] dans les zones les plus sensibles de la plate-forme » et dans les entreprises travaillant pour l'aéroport. L'exemple de CBS est significatif. L'évolution récente est celle d'une dérive ethnico-religieuse. Deux cadres de l'entreprise, d'origine maghrébine, s'appuyant sur le « noyautage » des syndicats par les islamistes, ont imposé, de fait, à la société, le « recrutement quasi exclusif de ressortissants algériens provenant d'une petite ville du nom de Ghazaouet. Ces recrues forment un véritable réseau au sein de CBS ».

« Ghazaouet est une ville portuaire de trente mille habitants, située à soixante-quinze kilomètres de

L'infiltration

Tlemcen et à cent kilomètres à l'ouest d'Oran. Depuis 1998, un flux incessant d'habitants de cette région vient alimenter les rangs des employés de la société CBS. »

Sur sept cent cinquante-huit salariés, soixante-dix-sept sont directement originaires de la ville en question. Une trentaine d'autres proviennent des villes avoisinantes. Les trois personnes fondatrices de ce réseau sont « K. [appelons-le Karim], qui posséderait encore une maison à Ghazaouet, Abdel, également propriétaire d'une maison à Ghazaouet, et enfin Mustapha, né à Ghazaouet ». Ce dernier n'hésite pas à exprimer ses sentiments antifrançais et son aversion pour le mode de vie occidental.

Les deux premières têtes du réseau se rencontrent lorsqu'ils séjournent dans cette ville algérienne. Sur place, les deux hommes recrutent des volontaires pour l'émigration vers la France et leur intégration au sein de CBS. Ils fournissent aux candidats de faux certificats d'embauche à en-tête de l'entreprise française. Ils procèdent aux démarches auprès de la représentation diplomatique française et obtiennent les documents indispensables à une entrée sur notre territoire.

Il existe un accord entre la France et l'Algérie permettant au titulaire d'un certificat d'embauche d'obtenir un titre de séjour valable un an. Karim et ses complices prélèveraient au passage une « contribution » sur ces immigrants. Chef incontesté du « réseau Ghazaouet », secondé efficacement par Abdel et Mustapha, Karim se comporte en véritable tyran à l'égard des intérimaires et des employés français de cette

L'infiltration

société de service, placée involontairement dans une situation très délicate, se substituant à la véritable direction de l'entreprise. Aucun recrutement ne peut avoir lieu sans son aval.

Or, circonstance étrange, l'intéressé s'oppose, chaque fois qu'il le peut, à l'embauche des Français de souche. Les employés présents dans la société sont souvent évincés de toute promotion au profit des salariés musulmans. « Il s'agit ni plus ni moins que d'un apartheid ethnique et religieux. Karim n'exerce plus son obligation professionnelle et il provoque un véritable désordre pouvant nuire à la circulation aérienne, les employés étant laissés dans un abandon total en ce qui concerne le traitement des bagages. »

Les chiffres de l'évolution des embauches, au sein de la société CBS, démontrent une constante progression des contrats au profit des natifs de Ghazaouet. On est effectivement passé de 8 % en 1998 à 13 % en 2005, avec des pointes à plus de 17 % en 2001 et 2003. Par l'intermédiaire de son réseau, Karim contrôle totalement le recrutement des intérimaires. Il est en contact direct avec plusieurs salariés de l'entreprise de travail temporaire Ranstad, eux-mêmes originaires de la ville de Ghazaouet. D'après des informations provenant de la société d'intérim Unepi, présente sur l'aéroport, Karim fermerait les portes de CBS aux autres agences d'intérim afin de privilégier l'agence Ranstad. Cette société est le plus gros pourvoyeur d'emplois intérimaires sur la plate-forme de Roissy. Certains de ses cadres musulmans favoriseraient discrètement le recrutement d'individus au profil islamiste afin de développer le prosélytisme sur l'aéroport. La société concernée s'en défend en invoquant les contingences du marché de l'emploi local.

L'infiltration

« Dans son projet de maîtrise complète de CBS, indique le rapport confidentiel[1], Karim est activement assisté par Mustapha. Celui-ci, représentant syndical, participe de la politique du chef de réseau en exerçant des chantages syndicaux auprès de la direction de l'entreprise, qui n'est, bien sûr, pas informée de la mise en place de ce réseau. Sur l'aspect pratique, la totalité des membres du réseau Ghazaouet est chargée des transferts de bord à bord. Ces opérations consistent à assurer, au cours des correspondances, le transport des bagages d'un avion à l'autre, sans contrôle de sécurité ; ces valises en provenance d'un aéroport étranger, déchargées des soutes du premier aéronef, sont réputées sécurisées par l'aéroport de provenance. Cette situation stratégique au sein du dispositif d'assistance des avions a des conséquences évidentes en matière de sûreté. »

Suit la liste édifiante des membres de ce réseau algérien ; on y retrouve des personnages sulfureux, par exemple Samir, « connu pour son activité intégriste et son appartenance aux Frères musulmans ».

Un certain Mohamed, « délégué syndical, compléterait le dispositif de la sphère Ghazaouet et se livrerait à des campagnes virulentes de prosélytisme dans les chaînes de traitement des bagages ».

Une autre note évoque le criblage récent de tous les fichiers des personnels munis de badges rouges Aéroports de Paris. La moisson est abondante : les ouvriers d'Allah sont nombreux. À titre d'illustration,

---

1. Voir la note des Renseignements généraux figurant en annexe 1.

L'infiltration

la note cite quelques exemples significatifs : « Bachar apparaît dans la "fadet" d'un téléphone portable appartenant à un membre de Ansar al-Islam [« Les Soldats de Dieu »], qui recrute des kamikazes destinés à commettre des attentats en Irak... Djamel est connu comme responsable en France d'une organisation turque d'extrême gauche et membre du PKK. »

Une enquête du 11 novembre 2005 permet d'apprendre que la société Bag Flight Services « intègre également dans son personnel des membres des Frères musulmans ». Il y a donc, sur le tarmac de Roissy, une mouvance des Frères musulmans de Roissy. Plusieurs d'entre eux, comme Elakhtar et Taricq, sont réputés « fréquenter les salles de prière clandestines situées sur l'aéroport de Roissy ».

Après une longue énumération d'individus dangereux, porteurs de badges et donc habilités à travailler en toute liberté sur la zone réservée de la plate-forme aéroportuaire, la note conclut : « Les faits ainsi décrits sont le reflet de l'atmosphère qui règne sur l'ensemble du site tant dans les zones réservées (pistes, zones bagages, zones techniques) que dans les entreprises. Islamistes et délinquants des cités œuvrent de concert pour placer l'aéroport sous la loi de la charia, usant de menaces à l'encontre des cadres et rares employés d'origine française. Il s'agit également d'éliminer la main-d'œuvre non musulmane du tissu professionnel de la plate-forme. » Cette description est assez effrayante. D'autant qu'elle se poursuit ainsi : les Renseignements généraux, la Gendarmerie du transport aérien, certains cadres d'Air France et des sociétés concernées ont commencé à percevoir cette situation.

L'infiltration

Par ailleurs, « le sous-préfet de Roissy est, quant à lui, tout à fait conscient de la réalité de ce problème. La société Aéroports de Paris, toute préoccupée à dissimuler sa longue gestion catastrophique en vue de sa privatisation, n'a pas un instant de disponible ». Cette analyse très sévère est contestée par Aéroports de Paris qui considère qu'elle consacre à la sécurité tous les efforts nécessaires. Certes. Mais alors pourquoi les services de l'État sont-ils aussi inquiets sur le sujet ?

Ayant enquêté pour savoir ce qu'étaient devenus les suspects interpellés, j'ai été stupéfait d'apprendre que dix-sept des vingt-deux islamistes identifiés au sein du réseau Ghazaouet travaillent encore à Roissy, comme si de rien n'était.

Tout ce que j'ai pu rapporter des actions de déstabilisation menées au sein de la société CBS a été minutieusement vérifié.

Ce n'est pas CBS qui est coupable. Si ce n'était cette entreprise, les islamistes auraient mené ailleurs leur travail d'infiltration, ; l'objectif, c'est Roissy ; le coupable, c'est l'État fainéant. Les sociétés de services auxquelles on fait appel sont les premières victimes. Ce livre veut en éviter d'autres.

Il semble bien que tous les principes de l'action subversive soient scrupuleusement mis en œuvre par le « réseau Ghazaouet », pointe avancée des sentinelles islamistes implantées au cœur du premier aéroport français : infiltration, recrutement et formation d'agents dormants, mise en connexion des militants, intimidation des neutres et neutralisation des bavards, pénétration des hiérarchies, installation dans les postes d'encadrement, et, finalement, prise de pouvoir.

L'infiltration

Pendant ce temps, Aéroports de Paris – ADP, société d'État – se plaît à mettre en exergue, dans sa publicité télévisée, sa dimension planétaire, avec un slogan on ne peut plus accueillant : « Le monde entier est notre invité. » Effectivement, le monde entier s'invite sur nos aéroports, y compris le monde islamiste.

Un rapport récent a été remis au Premier ministre sur les problèmes de sûreté d'une autre implantation, celle du Bourget[1]. Il constate les multiples défaillances du système de protection : « Les programmes de sûreté ne sont pas déposés par les entreprises présentes sur la plate-forme ; de nombreux accès privatifs, permettant d'accéder à la zone réservée, demeurent sans aucun contrôle (...). » Bref, Le Bourget est une passoire. Ce sont les conclusions mêmes du groupe de travail interministériel conduit par la direction de l'Aviation civile. On comprend que le Premier ministre ait demandé que ce rapport soit revêtu de la mention rouge : « diffusion restreinte ».

Matignon vient de recevoir, le 6 janvier 2006, un nouveau rapport[2], sur Roissy, qui, à la suite d'une longue enquête interministérielle menée au plus haut niveau, décrit une situation toujours aussi inquiétante. Le rapport constate que les recommandations exprimées dans un document précédent, datant de novembre 2002, signé par l'inspection générale de

---

1. Cf. annexe 2 : « Rapport sur la mise en œuvre des mesures de sûreté sur l'aéroport du Bourget », 6 octobre 2005.
2. Cf. annexe 3 : « Rapport sur le fonctionnement administratif et budgétaire de la DPAF [direction de la Police de l'air et des frontières] de Roissy-Le Bourget », janvier 2006.

L'infiltration

l'Administration, n'ont pas été suivies d'effet[1] : rien n'a été fait. Puis les inspecteurs généraux tirent deux sonnettes d'alarme.

La première, c'est une confirmation : des organisations islamistes interviennent sur la plate-forme de Roissy, devenue la « première porte d'accès au territoire national, voire à celui de l'espace européen de Schengen ». Le rapport souligne la forte exposition de la zone bagages au risque terroriste lié aux activités de cette mouvance, libre de s'activer autour des avions.

La seconde alerte, c'est « une couverture insuffisante des risques en zone réservée. Du fait de la faiblesse des moyens de la gendarmerie du transport aérien et de l'aménagement critiquable du contrôle et de l'embarquement des bagages ainsi que du traitement du fret, il est trop facile de prélever dans les bagages mais aussi d'y ajouter ». En termes simples, cela veut dire qu'on peut tout aussi facilement retrancher un objet précieux qu'introduire un explosif dans n'importe quel bagage qui a franchi les portiques de filtrage et de contrôle. Qui peut mettre la main pour voler un bagage peut y mettre une bombe. Du reste, les gendarmes et les policiers appellent cette ligne des portiques, devenue ultra-sophistiquée à la suite du renouvellement des techniques de lecture et de repérage, la ligne Maginot. Comme sa célèbre aînée, elle est impénétrable mais aisément contournable.

Selon les informations les plus récentes, Roissy est donc un gruyère. Les trous sont nombreux et multiples. Il est possible, chaque jour, d'entrer dans la zone réservée par une porte régulière sans même être contrôlé, pour peu qu'on choisisse le point de pas-

---
1. Inspection générale de l'Administration, novembre 2002.

L'infiltration

sage, connu de tous les initiés. Il est très facile de franchir le périmètre en dehors des portes officielles, à certains endroits névralgiques. Il n'est pas du tout impossible – bien qu'Aéroports de Paris le conteste – de faire entrer des explosifs ou des armes dans la zone réservée et il n'est pas très compliqué de glisser un kilo de Semtex dans une palette de fret avion qui voyage sous les pieds des passagers, comme 60 % du fret aérien, sans complication particulière.

Juste avant la « guerre des banlieues », une énorme perquisition a eu lieu, avec deux cents gendarmes, chez Servair, la filiale d'Air France en charge des plateaux-repas et des ventes à bord des avions ; il s'agissait de mettre un terme aux trop fréquents vols de foulards et parfums qui se multiplient à Roissy, dans les bagages et dans les soutes. La méthode est simple : sont des cibles de choix les sacs souples munis d'une simple fermeture éclair, avec ou sans cadenas, ou les bagages à main, mais parfois aussi des valises rigides repérées par les agents de sûreté opérant au scanner et complices des « réseaux de spoliation ». Les voleurs font une palpation rapide des sacs pour évaluer le contenu et, lorsqu'un sac est sélectionné, il est violemment jeté sur le tapis roulant pour qu'il tombe de l'autre côté, où il sera isolé et pillé tranquillement par un complice... Les vols ayant lieu la plupart du temps sur les départs, les plaintes ne sont pas recensées, elles sont faites à l'étranger, mais les compagnies savent, elles, la réalité des spoliations subies par leurs passagers ; et ce n'est pas un hasard si, dans ce domaine, Paris est souvent considéré comme leur plus mauvaise escale...

L'infiltration

Le citoyen se demande comment cela est possible, pourquoi on le déshabille quasiment à l'embarquement sous prétexte de sûreté quand la pègre et les mafias de la plate-forme peuvent en toute impunité mettre les mains dans ses bagages, et sortir des marchandises qui seront volées sans que les autorités n'aient jamais rien entrepris de concret pour lutter contre cette menace d'autant plus redoutable qu'elle est, pour l'instant, invisible. Mais voilà, à Roissy-CDG, on est dans un monde à part ! Un monde où tout est immense et différent – le pourtour de la zone réservée s'étire sur quarante-deux kilomètres autour de la caverne d'Ali Baba – et où le pouvoir n'est pas aux mains des autorités ou des sociétés mais bien au contraire aux mains de certains syndicats et de réseaux islamisants qui, parfois, se confondent !

La Police de l'air et des frontières vient de démanteler un réseau sri-lankais de fabricants de faux papiers qui travaillent dans le cadre d'un trafic de clandestins. Leur enquête les a conduits sur le tarmac de Roissy, à la porte des avions. Les fabricants de faux papiers n'étaient autres que... des agents de sûreté, dont la mission était précisément de contrôler l'identité des passagers. En d'autres termes, les contrôleurs, dûment assermentés, étaient en réalité des contrefacteurs. Ils contrôlaient les documents qu'ils avaient eux-mêmes fabriqués. Cela ne se passe pas à Clichy, mais à Roissy, au pied des avions, dans l'enceinte de la zone réservée.

Plus incroyable encore : la Brigade criminelle vient de repérer, à Levallois, une mosquée qui était un centre de recrutement de militants du djihad en partance pour l'Irak. Les policiers ont intercepté un message SMS en provenance d'Irak. L'expéditeur intrigue les

L'infiltration

policiers : citoyen français converti à l'islam, il a été le gérant d'une société de sécurité, sous-traitante de la société Pretory, à Roissy. Cette entreprise a pour mission de surveiller toutes sortes d'installations sur la plate-forme aéroportuaire. Ce professionnel de la sécurité était en réalité un militant salafiste. Ce cas est un exemple parmi tant d'autres.

Roissy est ainsi devenu un centre de ressources pour les islamistes grands voyageurs. En octobre 2005, une voiture de location a été dérobée par un personnel utilisant des faux papiers dans le parc automobile de la société Avis, à l'aéroport Charles-de-Gaulle. Grâce à un système de tracking embarqué, les services de l'État ont pu suivre le parcours de ce véhicule : il a été retrouvé à Amman, en Jordanie ; pour rejoindre cette lointaine destination, il a emprunté les filières qui approvisionnent les terroristes irakiens en véhicules destinés à commettre des attentats.

Peut-on encore longtemps se permettre de laisser la situation empirer ?

II

UN ÉTAT AVEUGLE

Aujourd'hui, sept cents entreprises privées interviennent sur la plate-forme de Roissy, dans la zone réservée. Quatre-vingt mille employés travaillent dans l'enceinte aéroportuaire. Selon les informations des services, 43 % d'entre eux sont musulmans. Au sein des personnels travaillant sur les pistes, 60 % sont musulmans. Ce n'est pas la religion qui pose problème : c'est le fanatisme. Or c'est évidemment parmi eux que les islamistes recrutent, parfois avec succès.

Le mode de recrutement devrait porter ce pourcentage à 80 % dans la décennie à venir. En effet, la fameuse « politique de la ville » prétendûment mise en œuvre par l'État impose aux sociétés de recourir à des embauches locales, c'est-à-dire d'abord en Seine-Saint-Denis. Hier, avec les socialistes, c'était le projet « Jérémie », l'emploi prioritaire choisi dans les bassins d'emplois locaux ; aujourd'hui, le gouvernement Villepin a changé de sémantique mais le projet reste le même. On nous parle non plus d'« entreprise citoyenne », mais d'« entreprise intégrante », celle qui intègre en particulier le 93 (numéro du département de la Seine-Saint-Denis). Roissy vit et recrute au rythme de la « préférence régionale ». Les collectivités

Un État aveugle

locales sont fières de cette expérience de discrimination positive. C'est ainsi que tous les agents de sûreté qui fouillent nos bagages et nos effets sont recrutés dans le voisinage. Pour obtenir leur badge rouge, ils sont censés recevoir un double agrément leur permettant d'exercer leur métier ultra-sensible. Ce double agrément suppose ce qu'on appelle une « enquête de moralité », menée par les services compétents. Mais cette enquête reste parfaitement théorique car les investigations sont impossibles à effectuer. Les policiers n'ont pas la possibilité physique d'entrer dans la zone de non-droit de La Courneuve ou d'ailleurs pour mener leurs investigations. Autant dire que les recherches sont, pour l'essentiel, purement formelles.

Dans certaines activités sur piste, de manutention ou de nettoyage, le taux est de l'ordre de 90 % de musulmans. Par exemple, dans la société ACNA, chargée de l'armement des cabines, le recrutement est exclusivement féminin. Certaines de ces femmes travaillent voilées. Elles sont souvent les épouses d'éléments fichés comme islamistes radicaux. Les sociétés de sécurité et de bagagistes sont composées à plus de 60 % de musulmans. Il est courant de voir des barbus travaillant en tenue afghane sur laquelle est enfilé un gilet de sécurité jaune fluorescent avec des bandes réfléchissantes.

Dans une note adressée en janvier 2006 au ministre de l'Intérieur[1], le directeur de la Police aux frontières des aéroports de Roissy-Le Bourget alerte les autorités

---

1. Cf. annexe 4 : « Rapport sur la problématique de l'islam radical sur la plate-forme aéroportuaire ».

gouvernementales sur la nouvelle « problématique de l'islam radical sur la plate-forme ». Avec un double constat alarmant : d'abord, en un an, tout s'est dégradé, les services de l'État, chargés de la détection et de la surveillance de l'islam radical, avouent eux-mêmes qu'ils sont complètement dépassés ; ensuite la montée en puissance des islamistes sur la plate-forme aéroportuaire est désormais hors de toute maîtrise. Tel est le cri d'alarme de la Police de l'air et des frontières.

Les notes confidentielles envoyées place Beauvau et à Matignon relèvent une situation affligeante : les enquêtes ne circulent pas d'un service à l'autre ! C'est ainsi que, dans l'affaire du « réseau Ghazaouet », il y a eu deux enquêtes en un an, sur le même réseau, réalisées par deux services différents : la GTA (Gendarmerie du transport aérien) et la PAF. Les informations précieuses que la PAF avait en sa possession n'ont jamais été transmises à la GTA, qui, elle-même, enquêtait de son côté. Les fameuses fiches S ne circulent pas. Ce sont pourtant les fiches réservées aux individus considérés comme pouvant « porter atteinte à la sûreté de l'État » ! Dans le monde du renseignement, il y a une gradation du danger que traduit un coefficient allant de 1 à 15. Cette classification mesure ainsi le niveau de la menace que représentent les individus à suivre. Or la plupart des islamistes travaillant sur Roissy sont fichés S 13, ce qui traduit, tout en haut de l'échelle des dangers, une menace de tous les instants et implique donc un suivi quotidien.

Un État aveugle

Un rapport du 26 juin 2005 cite par exemple Aïssam[1], inscrit au fichier central de la police, proche des frères Kalam, dont le palmarès est éloquent : le premier frère a été arrêté le 18 juin 2004 et écroué dans le cadre de l'affaire des « filières tchétchènes » ; le deuxième frère, Djamel, a été arrêté en novembre 2004 pour avoir gardé le butin d'un casse bancaire destiné au financement d'un mouvement terroriste ; le troisième frère, Redouane, est un ex-détenu de Guantanamo.

Lorsque la GTA commence à travailler sur le « réseau Ghazaouet », elle ignore totalement que des informations précieuses ont déjà été collectées par la PAF, les RG et la DST, identifiant parfois des individus qui l'avaient été auparavant par d'autres services.

Aucune cellule de coordination ne permet de réunir, recouper, confirmer les informations les plus précieuses. Chacun veille sur son territoire. Un haut fonctionnaire qui suit le dossier confie que l'antenne locale de la DST collabore volontiers avec la Gendarmerie du transport aérien mais considère peu la PAF ; que la DGSE (Direction générale de la sécurité extérieure) s'entend avec la PAF qui travaille elle-même volontiers avec les Renseignements généraux, mais que tout ce petit monde du renseignement, par ailleurs d'une haute technicité et d'une conscience professionnelle exemplaire, est cependant établi dans une logique d'indépendance farouche. Il n'y a pas de centralisation opérationnelle quotidienne. La conséquence de ce grave dysfonctionnement est une déperdition du renseignement, un manque réel d'efficacité et de nombreuses redondances.

---

1. Les prénoms et les noms ont été modifiés.

Un État aveugle

Quant à la montée en puissance des islamistes, elle se manifeste à travers plusieurs éléments nouveaux et spectaculaires.

D'abord il faut observer que tout le système de détection des activistes est aujourd'hui défaillant. Les badges rouges ne servent plus à grand-chose.

Les investigations – ce qu'on appelle le criblage – qui précèdent l'attribution de ces badges sont menées par tous les services, sauf le mieux renseigné, comme son nom l'indique, les Renseignements généraux. Cette anomalie est relevée dans un message urgent envoyé au ministre de l'Intérieur : « Les demandes sont distribuées pour enquêtes aux services suivants : la Direction de la surveillance du territoire, la gendarmerie, la Police aux frontières qui se charge, quant à elle, de vérifier si les individus sont connus des fichiers de la police (STIC FPR).

» *Nota* : on notera ici l'absence de consultation de la DCRG[1], service pourtant également spécialisé dans la lutte contre l'islam radical et qui du fait de sa couverture nationale dispose de nombreuses informations[2]. »

Le directeur de la PAF à Roissy observe par ailleurs qu'il est très difficile d'opposer un refus de badge, même si l'enquête porte au doute et à la prudence. En effet, les refus sont dangereux pour les fonctionnaires qui les émettent. Jean-Yves Topin[3] s'inquiète de cette situation. Dans une note adressée dernièrement au directeur central de la PAF, il écrit : « Les refus de

---

1. Direction centrale des Renseignements généraux.
2. Extrait de la synthèse confidentielle du relevé d'incidents remise au directeur de la PAF en 2005.
3. Contrôleur général de la PAF Roissy.

délivrance de badges en raison de l'appartenance à la mouvance islamique radicale sont actuellement problématiques. En effet, les services spécialisés sont légitimement réticents à l'idée de divulguer des informations servant à motiver le refus d'un badge, *les individus concernés ayant accès aux éléments ayant motivé* ce refus dans le cadre d'un recours contentieux. » L'année dernière, une lettre de recours a par exemple été envoyée au domicile personnel du directeur de la PAF. On comprend que nos fonctionnaires s'inquiètent... Le spectre des représailles facilite donc l'attribution et le renouvellement des badges.

De plus, la jurisprudence joue en faveur des islamistes, qui sont parfaitement informés de l'arsenal des recours. Il suffit de citer l'exemple de M. Samur, qui, comme des dizaines d'autres individus, est titulaire d'un badge d'accès à la zone réservée. La PAF le décrit comme suit : « L'intéressé est titulaire d'un badge aéroportuaire n° 111... pour les secteurs de sûreté A (avions), B (bagages) et P (passages). [...] Il est en relation avec des islamistes radicaux basés en France et dans certains pays du golfe Persique. La direction de l'entreprise nous le présente en outre comme un individu effectuant un important prosélytisme sur son lieu de travail[1]. »

Ce M. Samur, identifié par les services de l'État comme un militant, adressait en décembre dernier une lettre au directeur central de la Police aux frontières demandant des explications concernant le retard

---

[1]. Extrait de la synthèse confidentielle du relevé d'incidents remise au directeur de la PAF en 2005.

rencontré dans le renouvellement de son badge d'accès aux zones réservées. Parfaitement bien renseigné sur les procédures et les recours possibles, et conseillé par un avocat spécialisé en droit administratif, l'intéressé demandait « de pouvoir exercer ses droits et libertés car la garantie de la sécurité [...] protection des personnes et des biens [...] constitue une des conditions préalables à l'exercice de toute activité et par conséquent au fonctionnement normal de la démocratie[1] ». En 2002 déjà, M. Samur avait fait l'objet d'un refus de badge qui avait été contesté par le tribunal administratif de Cergy-Pontoise au motif que le retrait de badge « ne procédait pas de circonstances ou de faits matériellement établis ». Messieurs les islamistes, bienvenue sur la plate-forme, soyez assurés que l'État de droit vous protège !

Jean-Yves Topin lui-même s'inquiète de cette situation. Il écrit à son supérieur : « Il convient de préciser qu'à l'image de M. Samur, nombre d'individus faisant appel à différents conseils sont très au fait de la procédure en vigueur et qu'en dépit des efforts opérés par la PAF pour optimiser l'efficacité des criblages, les refus sont quasi systématiquement rejetés par le tribunal administratif. » En France, on est donc protégé par le droit, surtout si on est un fervent admirateur du Coran, jusqu'à comprendre les motivations des plus extrémistes !

Ainsi, les mesures prises par l'État en matière de criblage ne relèvent-elles que d'une forme de bonne

---

1. Extrait de la lettre envoyée par M. Samur au directeur de la PAF.

conscience, où l'autosatisfaction l'emporte sur la perception d'une situation gravissime. En témoignent les longues listes d'individus connus pour leur engagement religieux extrémiste, tous ayant été identifiés par les services compétents, et qui défilent sur les écrans des ordinateurs de la PAF, devant les yeux las de fonctionnaires désabusés qui ne savent plus à quoi servent leurs travaux.

Beaucoup plus grave encore, une véritable ronde des intérimaires a lieu sur la plate-forme. Les islamistes repérés dans une société, lorsqu'ils cessent leur activité au sein de celle-ci, se font recruter dans une autre société voisine du tarmac, si bien qu'il est quasiment impossible de les suivre. Les mêmes individus font parfois l'objet de plusieurs criblages successifs alors qu'ils sont connus depuis longtemps. On redécouvre ainsi régulièrement des individus dangereux qui avaient disparu.

Prenons un ou deux exemples parmi des dizaines. Celui de A. Omar qui, après avoir travaillé au sein de la société Euronetec, a ensuite œuvré, toujours sur la plate-forme de Roissy, pour la société H. Reinier, spécialisée dans le traitement des bagages sur l'aérogare 2. Il avait enfin obtenu un badge via la société d'intérim Adecco Roissy. Il exerce aujourd'hui un emploi de manutentionnaire au sein de la même société. La PAF souligne à son sujet que « le parcours de l'intéressé est l'exemple type de l'intérimaire changeant régulièrement de société et de ce fait extrêmement difficile à suivre [1] ».

Un autre individu, Ouardine, originaire de Seine-

---

[1]. Extrait d'une note confidentielle rédigée par la PAF pendant l'été 2005.

Un État aveugle

Saint-Denis, va se voir retirer son badge en 2003, alors qu'il travaille au sein de la société de nettoyage H. Reinier. On le retrouve peu après, venant d'obtenir un nouveau badge (n° 111 10 322...) en août 2004 grâce à un emploi trouvé par le biais de l'agence d'intérim Onepi. C'est par hasard que les services de la PAF vont retomber sur lui et à nouveau opérer une demande de retrait de badge. Mais qui peut dire si aujourd'hui, cet individu connu pour sa « pratique rigoriste de l'islam[1] », de même que des dizaines d'autres, n'a pas retrouvé un emploi, donc un badge d'accès, ailleurs ? La surveillance policière, aussi systématique soit-elle, ressemble à un tonneau des Danaïdes administratif. Quand les refus de badges ne sont pas annulés par le tribunal administratif au nom de la protection des droits de la personne, les employés postulent dans de nouvelles sociétés et parfois même basculent sur Orly[2].

Faute de moyens suffisants, les enquêtes sont lacunaires. Dans sa note confidentielle remise au directeur central de la PAF, qui fait la synthèse pour l'année 2005 des listes d'islamistes recensés à Roissy, le contrôleur général Topin écrit : « Une telle concentration d'individus sur un site aussi sensible que l'aéroport est pour le moins préoccupante, d'autant plus que les individus cités n'ont pour leur majorité été "recensés" qu'à travers des entretiens avec les responsables de leur société ainsi que des recherches ne concernant

---
1. *Ibid.*
2. Un officier de gendarmerie assure que de plus en plus de personnels quittent Roissy pour Orly, et inversement.

qu'une quinzaine de sociétés, sur les sept cents que compte la plate-forme... » Les points de suspension figurent dans le texte original. Quand on effectue le calcul en rapportant ce chiffre au nombre total des activistes opérant sur la plate-forme et considérés par les services comme pouvant représenter un danger, on arrive à un chiffre potentiel de deux mille huit cents personnes ! À titre d'exemple, lors de l'enquête menée par la PAF sur la société Federal Express début 2004, « sur les mille six cent quatre-vingt-huit individus employés au sein de cette entreprise, trois cent cinquante-neuf étaient défavorablement connus des services de police, représentant un pourcentage de 21 % » ! ; 21 % d'activistes délinquants dans cette entreprise de fret, à l'insu de ses responsables.

Et puis il y a une nouvelle arme : le silence. Les services de l'État notent une évolution dans la manière dont les islamistes réagissent face aux rares et très insuffisantes mesures prises par les autorités, notamment l'augmentation des criblages policiers. En dépit de ces procédures renforcées, la direction de la PAF et celle de la GTA font remarquer que les militants identifiés ne représentent qu'une infime partie de ceux qui opèrent sur la plate-forme. En effet, ces individus font preuve d'une disssimulation croissante. La note citée plus haut fait état de la difficulté à laquelle font face les services de police : « Les problèmes d'islam radical sont également présents au sein de bon nombre de sociétés. La recherche d'individus épousant ces thèses s'avère de plus en plus délicate du fait de la grande discrétion dont ils font preuve la majorité du temps au sein de leurs entreprises. »

Un État aveugle

Roissy est donc en train de devenir une terre d'islam [1]. L'islam a été reconnu comme la « religion de la plate-forme », fin 2004, avec l'aberrante nomination d'un imam qui représente officiellement le culte musulman sur la zone réservée. Ainsi, dans une note confidentielle de l'été dernier, la PAF souligne : « Le culte musulman est représenté depuis un peu plus d'une année par un imam. L'intéressé, qui est le président de l'Institut des civilisations du bassin méditerranéen et du Moyen-Orient (ICBM), sis à Reims, est titulaire de la fiche n° S 91 00282 RG pour les raisons suivantes : *fréquente les milieux prokhomeynistes.* »

Il n'y a évidemment aucun équivalent pour les autres cultes. Dans leur note, parvenue au sommet de l'État, la PAF et la DST donnent chacune un chiffre sensiblement différent sur le nombre de mosquées. La PAF annonce trois salles officielles attribuées par Aéroports de Paris et six salles de prière mises à la disposition des employés par les sociétés de la plate-forme. La DST dénombre, quant à elle, vingt-sept lieux de prière islamiques officiels.

Ce qui est tout à fait nouveau dans les enquêtes de 2005, c'est que les services de renseignement comptabilisent désormais, et pour la première fois, plusieurs dizaines de salles de prière clandestines. Aucun service de l'État n'a jamais réussi à pénétrer au sein de ces salles qui sont gardées jour et nuit par des musulmans, dont beaucoup d'entre eux sont des Français de souche convertis à l'islam radical. Selon les Renseignements généraux, l'islam procède de manière progressive à une occupation systématique des sous-

---

[1]. « Roissy, terre d'islam », *Liaisons sociales Magazine*, janvier 2006.

Un État aveugle

sols de la plate-forme. Plusieurs spécialistes ont repéré ces lieux de prière dans ce qu'ils appellent les gaines techniques. L'un d'entre eux m'a transmis le résultat de ses recherches : « J'ai suivi souvent des groupes qui s'éclipsent brutalement en plein travail sans jamais parvenir à les localiser en surface. Ils avaient rejoint les gaines techniques qui sont sous l'aéroport. Ce sont des couloirs sans fin où la Police de l'air passe de temps en temps. » La Police de l'air et des frontières relève ces découvertes inopinées : « Un cadre de la société H. Reinier, société de trois cents bagagistes, a découvert, lors d'une visite impromptue du local de la société en zone réservée, que cette pièce avait été transformée en lieu de culte. Un calendrier islamique et différentes affiches avaient été accrochés au mur. La société Chronopost a elle-même constaté qu'une salle de prière avait été installée dans les vestiaires de la branche transit de la société. »

Le nombre des lieux de prière clandestins serait passé en deux ans de douze à vingt-cinq, ce qui porterait le total des mosquées officielles et officieuses de Roissy à cinquante-deux. C'est une jauge intéressante quant à la pratique islamique sur la plate-forme entre les portiques et les avions.

Dans le même sens, la PAF fait état d'une augmentation importante du nombre de pèlerins partis pour La Mecque lors du dernier Hadj. Sur les neuf mille cinq cents personnes contrôlées en partance pour La Mecque, deux cent soixante-quatre personnes, qui travaillent à Roissy, faisaient l'objet d'une ou plusieurs fiches relevant de la sûreté de l'État. Le voyage bénéficie annuellement de promotions placardées dans les locaux des sociétés de Roissy, proposant une aide sous la forme d'un forfait, c'est-à-dire d'un important

Un État aveugle

rabais[1]. Plusieurs de ces fondamentalistes – car le pèlerinage à La Mecque n'a évidemment rien d'anodin – se sont retrouvés bloqués en Arabie Saoudite à l'issue du pèlerinage. Les autorités françaises n'ont pas hésité à mobiliser l'ambassade et le consulat basés respectivement à Riyad et à Jeddah afin de leur permettre de rentrer à Roissy, leur lieu de travail, dans les plus brefs délais. C'est dire la sollicitude de l'État français, sa vigilance pour les garder chez nous et pour les ramener à demeure.

Enfin, dernier signe de la montée en puissance de réseaux inquiétants et livrés à eux-mêmes sur la plateforme : les combattants du djihad ne manifestent aucune impatience particulière. Ils n'en ont plus besoin. Ils pratiquent ce qu'on appelle, dans le Coran, la *taqya*, c'est-à-dire la dissimulation, tant qu'on est minoritaire. Du reste, de quoi se plaindraient-ils ? Les plus malins se nourrissent sur la bête. Le rapport de la PAF du 5 décembre 2005 constate ainsi l'explosion des vols au sein des entreprises : « Les responsables des sociétés nous ont avancé les chiffres suivants en matière de préjudices constatés pour l'année 2003 : Federal Express, 3 millions d'euros, Chronopost, 5 millions d'euros. De même, la société Bruno Pégorier avoue en aparté la somme de 3,5 millions d'euros pour l'année passée. » Les sociétés n'osent pas porter plainte et tout s'arrange à l'amiable. La PAF cite l'incident du mercredi 8 septembre 2004 : « M. S., exerçant les fonctions d'agent de passage au sein de la société Globe Ground France, est réputé pour ses relations avec des islamistes radicaux basés en France et dans certains pays du golfe Persique. Il a été trouvé à l'aéro-

---
1. Voir annexe 5.

gare n° 1 en possession d'un sac contenant trente-deux flacons d'essences de parfum de grande marque ainsi que de l'argent. » Ce qui maintient en quelque sorte l'ordre social à Roissy, c'est la crainte tempérée par le vol.

La peur s'est donc déplacée peu à peu. Aujourd'hui, malgré les discours rassurants des pouvoirs publics, le cœur du pays, ses points névralgiques, est infiltré par des organisations qu'on connaît encore peu.

Dans ce contexte, la question qui vient à l'esprit est simple : que se passerait-il si, demain, la première plate-forme européenne, la porte de la France, l'aéroport de Roissy, enjeu stratégique par excellence, échappait à notre contrôle ? Si aucune enquête approfondie n'éclaircissait les zones d'ombre actuelles, que dirait-on aux Français en cas de catastrophe ?

En étudiant attentivement toutes ces informations, j'ai sélectionné un certain nombre de profils qui, tous, travaillent sur l'aéroport de Roissy. Ces individus existent et sont réellement fichés par les services de police. Il ne s'agit pas d'un scénario fictif, il s'agit d'une histoire vraie, une histoire qui, demain, peut être la vôtre.

Ce vendredi de printemps estival, vous avez quitté votre travail, heureux de vous rendre à Roissy. Vous partez en effet ce soir pour un week-end de trois jours en Grèce par le vol AF 4521 de 19 h 45.

Un peu perdu dans cet immense complexe, vous vous adressez au premier comptoir d'informations du terminal 2 pour connaître l'emplacement des écrans d'information. Vous ne le savez pas, mais si l'agent

Un État aveugle

d'ADP qui vous renseigne a l'air préoccupé, c'est qu'il quitte la France demain pour le Pakistan. Il s'appelle K. Toumi, il est l'objet de la fiche des Renseignements généraux n° S 13 0063...RG et vient de demander à la direction d'ADP une année de congé sans solde pour rejoindre une école coranique dans les hautes montagnes pakistanaises, non loin de la frontière afghane. ADP, bien entendu, a accepté de le reprendre à l'issue de ce congé d'un an.

Vous vous dirigez d'un pas pressé vers les écrans et vous vous rendez ensuite au comptoir Air France n° 12. La jeune fille qui procède à votre enregistrement est une Française d'origine algérienne. Souriante, charmante dans sa tenue de service (petit veston bleu marine, minijupe seyante), elle répond avec célérité à vos questions ; vous ignorez qu'en arrivant ce matin sur son lieu de travail, elle a rapidement retiré son tchador et son long pantalon bouffant grâce aux vestiaires spéciaux que le syndicat musulman a fait mettre à la disposition des jeunes filles voilées pour leur permettre de se changer.

Vous déposez votre valise à droite du comptoir, sur le tapis roulant et la voyez disparaître derrière les grandes lanières de caoutchouc noir. Votre bagage vient de passer en zone réservée. Il suivra les méandres des tapis roulants du tri bagages jusqu'aux soutes de votre avion. Il passera désormais entre les mains de six sociétés différentes. Première station : le détecteur à rayons X. Surveillé par une société de sûreté privée, qui est derrière l'écran de contrôle. Cet agent s'appelle M. Mostafa, il est titulaire de la fiche S 04 006...ST. Cette fiche de la DST a pour mention spéciale : « Individu en relation avec la mouvance islamiste, susceptible de servir de relais logistique aux

Un État aveugle

réseaux internationalistes. » L'écran permet d'identifier les objets suspects et les objets de valeur tels que les téléphones portables, les bouteilles de parfum, les objets de luxe, etc.

Alors que votre valise subit parfois un prélèvement en zone réservée, vous quittez le comptoir d'enregistrement pour vous diriger vers le point de contrôle des passeports. Un fonctionnaire de la PAF, débordé et fatigué par une journée harassante, jette un rapide coup d'œil à vos documents (carte d'embarquement et passeport) et vous fait signe de passer. Vous marchez dès lors vers le point de contrôle aux rayons X. On vous demande de retirer votre veste et de déposer sur le tapis roulant qui se trouve devant vous le petit sac à dos que vous avez gardé avec vous. Le portique sonne à votre passage. Un agent de sécurité vous demande d'écarter les bras pour procéder à une fouille rapide. Un peu inquiet, vous vous demandez ce qui a pu faire sonner le portique. Vous ne le savez pas, mais la menace est ailleurs. L'agent qui vous fouille s'appelle Z. Morade et est titulaire de la fiche S 03 001...RG sous la référence suivante « militant intégriste effectuant de fréquents déplacements en Arabie Saoudite. En relation avec des proches du GSPC[1] ». Son détecteur manuel sonne devant votre boucle de ceinture, qui est à l'origine de la sonnerie du portique. Il vous laisse passer, vous voilà rassuré.

Et pourtant... Des magazines qui s'étendent dans l'espace *duty free* – les achats hors taxes – jusqu'à l'embarquement, du passage à travers les portiques de sécurité au décollage, du nettoyage de l'avion par des

---

[1]. Groupe salafiste pour la prédication et le combat : groupuscule terroriste algérien.

sociétés privées au moment où on récupère ses bagages, notre sort est entre les mains de personnes sur lesquelles les services de renseignement ont recueilli des informations plus que troublantes. Dans un contexte où la lourdeur de la bureaucratie s'ajoute à des entreprises débordées par des tâches qui ne leur sont pas familières, des zones de fragilité sont apparues. « Roissy aéroport le plus sûr du monde ! » jurait Nicolas Sarkozy au moment de la signature du contrat aéroportuaire de sûreté. Qui pourrait vraiment en jurer aujourd'hui ?

III

L'ÉCOLE SOUS SURVEILLANCE

« L'enfermement communautaire a commencé à l'école[1]. » Ainsi s'expriment Antoine Sfeir et René Andrau, pour qui l'école constitue un véritable miroir grossissant des dérives communautaires.

De par sa mission, l'école, au-delà même de ce qui touche à la sécurité nationale et au terrorisme, est en effet le lieu de la confrontation entre l'islam et la République. La question du port du voile au sein des établissements scolaires, qui a entraîné la création de la commission Stasi, n'en est qu'une des déclinaisons. Il s'agit naturellement d'une question fondamentale, car le voile islamique est l'instrument visible de la subordination de la femme. Mais la mesure d'interdiction légale votée par le Parlement illustre la tentation des responsables politiques de ne traiter les problèmes qu'en surface. Ainsi François Fillon, alors ministre de l'Éducation nationale, déclarait-il, lors de son entrée en application, que la loi interdisant le port du voile apparaissait « comme le symbole du coup d'arrêt au processus de montée des communautarismes[2] ».

---

1. Antoine Sfeir et René Andrau, *La République face au communautarisme*, Tallandier, 2005.
2. *Le Parisien*, 20 septembre 2004.

Or la situation n'a cessé de se dégrader depuis cette période. La loi n'a pas tout réglé. « Ce n'est pas parce que le voile est enlevé que tous les problèmes restent, comme par magie, à la porte des établissements[1] », expliquait récemment un syndicaliste modéré.

Ce sentiment est partagé par l'ensemble de la communauté éducative. Interrogée le même jour, Magali, une jeune professeur de maths et de sciences dans un lycée professionnel du Val-de-Marne, estime que « l'intolérance et les tensions communautaires[2] » gagnent du terrain. Son verdict est sans appel : « Pour moi, le voile est l'arbre qui cache la forêt. » Même constat pour Françoise Lorcerie, de l'Institut de recherche et d'études sur le monde arabe et musulman : « La loi sur le voile crée la paix des armes mais ne règle rien[3]. »

Dans la plus grande discrétion, l'inspection générale de l'Éducation nationale – le corps d'élite du ministère – a décidé de lancer une investigation de vaste ampleur pour obtenir une photographie exacte de la situation des écoles de France.

Afin d'établir un diagnostic, ce sont dix inspecteurs généraux qui sont partis en mission entre janvier et mai 2004. Ils ont visité soixante et un collèges, lycées d'enseignement général et lycées professionnels choisis dans toutes les régions.

Les conclusions de ce passage au scanner ont été

---

1. *Le Parisien*, 27 septembre 2005.
2. Entretien au *Parisien*, 20 septembre 2004.
3. *Libération*, 4 octobre 2005.

L'école sous surveillance

remises au ministre de l'Éducation nationale [1]. On en a peu parlé mais elles sont pourtant explosives. Les inspecteurs généraux confient leur stupéfaction. Ce qu'ils ont entendu dans les salles des professeurs, dans les cours de récréation, dans les conseils de classe, ne cadre pas avec le discours officiel lénifiant.

« Nos interlocuteurs décrivent en général un "basculement" rapide et récent, l'accomplissement en quelques années de ce qu'ils nomment souvent l'"islamisation" du quartier, impliquant des changements conséquents et visibles des modes de vie et des comportements personnels, familiaux et sociaux, écrivent-ils. À l'origine de ce mouvement, ils évoquent souvent l'influence déterminante de jeunes hommes professant une religion à la fois plus pieuse, moins populaire et plus intellectuelle, souvent diplômés et ayant fait des études supérieures, en France, au Maghreb ou au Proche-Orient, certains issus de familles du quartier et d'autres arrivés plus récemment : ceux que des professeurs appellent avec une certaine agressivité "les barbus" et que des élèves nomment avec un respect mêlé de crainte "les grands frères". Il n'est pas exceptionnel qu'on mentionne également d'anciens élèves dont la "conversion" s'est faite au cours d'un séjour en prison et qui bénéficient à ce titre d'une double aura auprès de certains collégiens et lycéens. »

Avant de décrire la poussée communautaire dans les collèges et les lycées, les inspecteurs généraux trai-

---

[1]. Inspection générale de l'Éducation nationale, « Les signes et manifestations d'appartenance religieuse dans les établissements scolaires », juin 2004.

tent rapidement la question de l'école primaire. Et expliquent qu'en son sein le comportement des élèves « semble faire rarement problème ». Ce qui n'étonnera personne compte tenu de l'âge des élèves ! Néanmoins...

« Néanmoins on signale des refus de la mixité, ceci dès l'école maternelle, de la part de petits garçons. Les cas de fillettes voilées semblent également se développer, de même que l'observance du jeûne et le refus de la viande non consacrée à la cantine. Les activités corporelles et artistiques semblent être particulièrement visées : refus de chanter, de danser, de dessiner un visage ; le refus de jouer de la flûte revient à plusieurs reprises. [...] L'obsession de la pureté est sans limites : à ces élèves d'une école primaire qui avaient institué l'usage exclusif des deux robinets des toilettes, l'un réservé aux "musulmans", l'autre aux "Français", répond, comme amplifiée, la demande récente d'un responsable local du culte musulman à l'inspecteur d'académie d'un important département urbain d'instituer des vestiaires séparés dans les salles de sport, car, selon lui, "un circoncis ne peut se déshabiller à côté d'un impur"[1]. »

Pour les auteurs du rapport, l'islamisation des collèges et des lycées revêt aujourd'hui de multiples formes inédites : certains signes et tenues vestimentaires ont pour but de se démarquer de la France ou de ceux, élèves et professeurs, que l'on nomme « les Français ». « On peut dire la même chose des tenues portant l'effigie d'une personnalité : si la vue de Che Guevara

---

1. Inspection générale de l'Éducation nationale, « Les écoles primaires », dans « Les signes et manifestations d'appartenance religieuse dans les établissements scolaires », juin 2004.

L'école sous surveillance

ne semble plus, de nos jours, susciter beaucoup de réactions, il n'en est pas de même évidemment de celle de Saddam Hussein ou d'Oussama ben Laden. »

De nombreux élèves souhaitent affirmer leur appartenance à la religion musulmane. « La très grande majorité des établissements que nous avons visités ont connu des tentatives de manifestation vestimentaire d'appartenance à cette religion, la plupart du temps de la part d'élèves filles, mais parfois aussi de garçons s'étant présentés aux portes de l'établissement en tenue dite "islamique" ou encore "afghane". Pour les filles, la marque d'appartenance ne se borne pas au "foulard" ou au "voile", mais peut aller jusqu'à la tenue "islamique" complète ; dans un établissement, deux élèves se sont même présentées en burka. »

Et puis il y a tous les jeunes qui choisissent d'aller s'acheter leur uniforme de banlieue dans ce que la direction centrale des Renseignements généraux appelle les « commerces ethniques[1] » : casquettes, cagoules, survêtements aux couleurs chatoyantes ; le streetwear, le must de la mode ado, séduit les radicaux qui se servent du communautarisme pour leur cause. Un journaliste est allé faire quelques achats : « Ici, à quelques mètres d'une cité chaude et décatie des environs de Paris, commence le royaume des streetwears. Au beau milieu des fripes, un détail attire l'œil : une boîte en carton invite le client à verser son obole au soutien des musulmans opprimés dans le monde, sans que l'on comprenne ce qui peut bien unir la fringue tendance rap et la cause islamiste[2]. »

---
1. Rapport de la direction centrale des Renseignements généraux, 2005.
2. Jean Chichizola, dans *Le Figaro*, 7 août 2005.

L'école sous surveillance

« Pour les commerçants islamistes, l'avantage est évident : le vêtement pour jeune rapporte. La clientèle est sensible à la mode "communautaire". Ce type de commerce est également plus discret que la restauration, les boucheries halal ou les librairies (...) » En outre, « les actions contre les magasins de vêtements proches de la mouvance islamiste sont plus difficiles à mener que contre un libraire qui vendrait des pamphlets antisémites ou contre un boucher qui ne respecterait pas les normes sanitaires ».

Petit à petit, une contre-société s'est installée à l'école : dans la cour de récréation, à travers les uniformes, dans les salles de classe et même à la cantine. Car la nourriture est devenue un problème. La ligne de démarcation passe désormais dans les assiettes : « Les cuisiniers et les gestionnaires des établissements se trouvent depuis peu devant une nouvelle difficulté : le refus par un nombre croissant d'élèves de consommer toute viande non abattue selon le rituel religieux. »

L'enquête du ministère révèle en effet la progression du phénomène : « Ce mouvement est apparu il y a peu de temps, mais s'est très vite répandu, souvent sous l'impulsion des garçons les plus jeunes. Il correspond aussi aux changements d'habitudes alimentaires des familles, liés à l'islamisation des commerces de proximité : la viande halal (licite) est désormais partout disponible, elle est même la seule en vente dans certains quartiers. Par l'effet de la stigmatisation dont sont rapidement victimes les élèves qui ne se conforment pas aux normes dominantes du groupe de leurs pairs, plus aucun élève ne mange de viande dans certains collèges que nous avons visités. Parallèlement, les

L'école sous surveillance

demandes des familles et des élèves de se voir proposer de la viande halal se multiplient. Face à cette situation imprévue, les chefs d'établissement et les gestionnaires réagissent de façon différente. Certains confectionnent quotidiennement un menu végétarien et d'autres proposent systématiquement du poisson. Un proviseur a cru bon d'imposer la viande halal à l'ensemble des rationnaires. Enfin, dans d'autres établissements, on a institué une ségrégation entre "musulmans" et "non-musulmans" en composant des tables distinctes ou en imposant un menu à chaque catégorie : ici, par exemple, l'agneau est "interdit aux non-musulmans", là les tomates sont "réservées aux musulmans". »

Le calendrier et les fêtes ne sont pas épargnés : la fête de Noël est de ce point de vue la plus contestée par certains élèves et parents. Dans son bloc-notes, Ivan Rioufol raconte un conte de Noël instructif[1]. « Comme chaque année, la gardienne d'origine tunisienne du lycée Van-Dongen de Lagny-sur-Marne avait installé un sapin de Noël dans le hall. Mais, cette fois, il a été retiré à la demande d'une poignée d'élèves, au nom de la laïcité. Le proviseur a expliqué avoir "peiné à convaincre" les contestataires, qu'il refuse de désigner plus précisément. Toutefois, devant la protestation de la majorité des lycéens, l'arbuste a été réintroduit subrepticement dans le réfectoire. Seuls les demi-pensionnaires peuvent le voir. Cet épisode révèle le terrorisme intellectuel que peut exercer, au cœur de l'école, une minorité hostile aux traditions

---

1. *Le Figaro*, 24 décembre 2004.

L'école sous surveillance

françaises. Il dévoile, surtout, la lâcheté de la communauté éducative, qui feint de ne pas saisir les vraies motivations des plaignants et n'ose défendre notre patrimoine culturel. Après avoir réinstallé l'arbre plus discrètement, elle s'est justifiée ainsi : "L'utilisation du sapin comme symbole de vie et de renaissance, après le solstice d'hiver, est bien plus ancienne que le christianisme." Nous y voilà. La présence d'un sapin de Noël dans un lycée a pu être assimilée à une violation de la loi sur l'interdiction des signes religieux ostensibles, au même titre que le voile islamique. Et ni le proviseur ni sa hiérarchie n'ont dénoncé cette provocation. Pis, en se montrant honteuse de la signification liée à ce décor festif, l'Éducation nationale s'est prêtée à une idéologie cherchant à faire table rase du passé. L'école interdira-t-elle demain les "joyeux Noël" dans les cours de récréation, si des militants l'exigent ? »

En début d'année, un professeur d'histoire, Louis Chagnon, s'était vu reprocher par des élèves musulmans et leurs parents un cours « non correct » sur « Mahomet, chef de guerre », ce que fut historiquement le fondateur de l'islam. Aucun musulman ne conteste ce fait. Un inspecteur pédagogique avait notamment sanctionné chez l'enseignant une conception « qui n'aurait pour finalité que de donner le sentiment d'appartenir à une collectivité, les Français, les Occidentaux ». Voilà donc un professeur reconnu coupable d'avoir voulu transmettre une parcelle d'identité européenne, crime de lèse-islam ? Depuis, les petites capitulations, nécessairement invisibles pour l'opinion, s'accumulent, au nom d'une laïcité instrumentalisée. Tel professeur ne fait plus chanter *Au clair de la lune* pour n'avoir pas à faire dire : « Prête-moi ta plume pour l'amour de Dieu ». À Coudekerque-

L'école sous surveillance

Branche, dans le Nord, les enseignants des écoles maternelles ont refusé, en décembre 2004, de distribuer aux enfants les traditionnels chocolats de la Saint-Nicolas, représenté avec sa mitre et son missel. En Grande-Bretagne, un quart des écoles ont renoncé aux cantiques de Noël et la Croix-Rouge ne vend plus ses calendriers représentant Marie et Joseph [1].

En contrepoint, les inspecteurs généraux ont observé dans les écoles un absentéisme sélectif. Les fêtes religieuses musulmanes, principalement les deux grandes fêtes traditionnelles du Maghreb, la « grande fête » (*Aïd el-Kébir*) célébrant le sacrifice d'Abraham, et la « petite fête » (*Aïd el-Séghir*) marquant la fin du carême mahométan, sont l'occasion d'un absentéisme de plus en plus massif de la part des élèves, pouvant, pour certains, se prolonger plusieurs jours en dehors de toute autorisation. « Les établissements, parfois presque vides, réagissent ici encore en ordre dispersé : certains ne changent en rien les activités prévues, d'autres les aménagent, d'autres enfin mettent toute activité en sommeil, voire ferment en donnant congé aux personnels. »

Le mois de carême musulman est également une occasion de tension dans beaucoup d'écoles, de collèges et de lycées. Massivement suivie, pratiquée par des enfants de plus en plus jeunes, l'observance du jeûne est manifestement l'objet de surenchères entre organisations religieuses, qui aboutissent à l'émergence puis à la diffusion de prescriptions de plus en plus draconiennes et de pratiques de plus en plus éprouvantes pour les élèves : « Ainsi de l'interdiction d'avaler le moindre liquide, y compris sa propre salive, qui entraîne la pollu-

---

1. *Ibid.*

L'école sous surveillance

tion des sols par les crachats et les refus de la piscine ; ainsi encore de la nécessité, en cas de faiblesse ou de maladie, de "rattraper" les jours perdus en poursuivant le jeûne après le mois de ramadan. Les professeurs se plaignent évidemment de la grande fatigue de beaucoup d'élèves et les infirmières sont massivement sollicitées pendant cette période. L'une d'elles nous confie que ce qui était encore il y a peu une manifestation d'affirmation identitaire semble devenir de plus en plus, chez beaucoup d'élèves, "un exercice de mortification" où la souffrance semble jouer un rôle central. »

L'appel à la conversion s'impose par ailleurs de plus en plus souvent. Le prosélytisme musulman a d'abord pour objet la réislamisation des populations dont la foi est jugée impure et la piété imprégnée de superstition et de paganisme. Les terrains d'action de ce prosélytisme sont les prisons, le voisinage et le milieu scolaire.

Le mois lunaire de ramadan est devenu le moment de la grande offensive. Dans certains collèges par exemple, il est devenu impossible pour les élèves dont les familles sont originaires de pays musulmans de ne pas se conformer au rite. Le rapport de l'inspection générale de l'Éducation nationale était inquiétant : « En témoignent ces reliefs de repas qui souillent fréquemment les toilettes, ces démissions d'élèves et, plus dramatique, cette tentative de suicide d'un élève soumis aux mauvais traitements de ses condisciples. Sous ce type de pression, ou plus simplement pour se conformer aux normes du groupe, certains élèves d'origine européenne observent aussi le jeûne sans que leur famille en soit forcément informée. Le seul

L'école sous surveillance

"dialogue" instauré à l'occasion du mois de ramadan avec les familles est dans le meilleur des cas celui d'une fiche financière permettant d'organiser le non-paiement de la demi-pension pour les jours jeûnés ; c'est à cette occasion que se manifestent certaines familles, surprises d'apprendre que leur enfant n'a pas fréquenté la cantine. Mais il est trop tard et l'enfant n'a pas été protégé du prosélytisme. »

Les personnels aussi, en particulier s'ils sont d'origine maghrébine, sont de plus en plus souvent interpellés par des élèves sur leur observance du jeûne et parfois, pour les surveillants et assistants d'éducation, mis à l'écart en cas contraire. D'autres, de famille musulmane ou convertis, affichent ostensiblement leur observance. Il arrive aussi que certains personnels encadrent, dans un lieu de culte du quartier, des activités cultuelles, culturelles ou périscolaires destinées à des élèves dont ils ont la charge dans l'établissement. Il semble aussi que, dans plus d'un endroit, pour « acheter » la paix sociale ou scolaire, on ait imprudemment recruté quelques « grands frères » au zèle notoire, comme emplois-jeunes dans des collectivités et des établissements. Ainsi, dans un collège, les élèves trouvés en possession d'un document du *Tabligh* appelant explicitement au châtiment corporel des femmes répondent qu'il a été distribué par un surveillant. D'une manière moins directe, l'activité religieuse de certains personnels, dont des professeurs, est particulièrement ostensible. Ici on parle de « la mosquée du surveillant X ». Là c'est un professeur qui conduit la prière à la mosquée du quartier. La pratique de l'entrisme semble d'ailleurs se développer et certaines fonctions comme celles d'instituteur ou d'assistant d'éducation semblent attirer les plus militants.

L'école sous surveillance

Autre sujet de préoccupation : le climat d'intimidation à l'égard des filles. Les adolescentes font l'objet d'une surveillance rigoureuse, d'ailleurs exercée davantage par les garçons que par les parents. Un frère, même plus jeune, peut être à la fois surveillant et protecteur de ses sœurs. Ne pas avoir de frère peut rendre certaines de ces jeunes filles particulièrement vulnérables. Tout est contrôlé, épié : les fréquentations et les comportements. Le vêtement est souvent l'objet de prescriptions rigoureuses : le maquillage, la jupe et la robe sont interdits, le pantalon est sombre, ample, style jogging, la tunique doit descendre suffisamment bas pour masquer toute rondeur.

« Dans certaines cités, expliquent les auteurs du rapport de l'inspection, les filles doivent rester le week-end en pyjama afin de ne pouvoir ne serait-ce que sortir au pied de l'immeuble. Dans certains lycées, elles enfilent leur manteau avant d'aller au tableau afin de n'éveiller aucune concupiscence. Presque partout, la mixité est dénoncée, pourchassée et les lieux mixtes comme les cinémas, les centres sociaux et les équipements sportifs sont interdits. À plusieurs reprises, on nous a parlé de la recrudescence des mariages traditionnels, "forcés" ou "arrangés", dès quatorze ou quinze ans. Beaucoup de jeunes filles se plaignent de l'ordre moral imposé par les "grands frères" ; peu d'entre elles osent parler des punitions qui les menacent ou qu'on leur inflige en cas de transgression et qui peuvent revêtir les formes les plus brutales, celles qui émergent parfois à l'occasion d'un fait divers. Les violences à l'encontre des filles ne sont hélas pas nouvelles, ce qui l'est davantage est qu'elles puissent être commises de plus en plus ouvertement au nom de la religion. »

L'école sous surveillance

L'université elle-même est touchée. Une enquête récente a conduit l'inspection générale de l'Administration à de sombres conclusions, remises au Premier ministre en janvier 2006 : « À l'université, des examinateurs ont été récusés en raison de leur sexe, ou des étudiantes refusent d'ôter leur voile pour qu'on vérifie leur identité... »

Comment l'Éducation nationale peut-elle, dans cette atmosphère de conquête et de suspicion, transmettre les savoirs fondamentaux et l'amour de la France ? Comment des professeurs, pétrifiés, peuvent-ils encore exercer leur magistère ? préparer au patriotisme et à l'éveil de la conscience nationale ?

Les inspecteurs généraux apportent la réponse. Elle est tragique, avec ce cri de détresse : « Un grand nombre d'élèves d'origine maghrébine, français voire de parents français, se vivent comme étrangers à la communauté nationale, opposant à tout propos deux catégories : "les Français" et "nous". Se revendiquant hier, lorsqu'on les interrogeait, d'une identité "arabe", ils se revendiquent de plus en plus souvent aujourd'hui d'une identité "musulmane". »

La France, cela ne leur dit plus rien. Personne ne leur en parle plus. Notre patrimoine de culture n'est plus transmis comme un savoir et un savoir-vivre ; tout juste veille-t-on à organiser, à l'école comme dans la rue, une marqueterie pacifique de petits territoires assemblés à la libanaise.

Nous sommes loin des hussards noirs de la République et de Mallet-Isaac récitant Michelet : « La France est une personne. » Les hussards noirs sont blêmes et ils rampent.

L'école sous surveillance

Que se passerait-il en cas de guerre ? Si, par exemple nous étions menacés par l'artificier de l'Iran, le président Ahmadinejad, qui prône la sainte alliance de la mystique et de la politique, et prépare les guerriers d'Allah en les armant de missiles nucléaires contre un Occident séparé de Dieu ? On connaît la réponse depuis qu'une étude a été remise au ministre de la Défense, Michèle Alliot-Marie, sur la vision de l'armée chez les jeunes issus de l'immigration : 70 % d'entre eux refuseraient de se mobiliser pour défendre la nation en cas de conflit. Selon l'auteur de cette étude, les jeunes ne conçoivent pas de « défendre la nation contre l'islam », ce qui serait « vécu comme une trahison ». Deux jeunes sur dix seulement seraient prêts à s'engager dans l'armée – dont la moitié de filles, qui y voient « une démarche pour échapper à l'oppression familiale[1] ». Voilà où nous en sommes : la jeunesse assise sur les baïonnettes rangées en tas de crayons.

Peu à peu se diffuse, de classe en classe, un sentiment d'appartenance à la « nation musulmane », universelle, distincte et opposée à la nation française.

L'Éducation nationale a dressé un constat alarmant : « Comme dans la plupart des pays musulmans, Oussama ben Laden est en train de devenir, chez les jeunes de nos "quartiers d'exil", et donc pour une part notable de nos élèves, qui craint d'ailleurs de moins en moins de l'exprimer, la figure emblématique d'un islam conquérant, assurant la revanche symbolique des laissés-pour-compte du développement en rejetant

---

1. Étude citée par *Le Point* du 13 janvier 2005.

L'école sous surveillance

en bloc les valeurs de notre civilisation. C'est sans doute là, et de loin, l'aspect de nos observations le plus inquiétant pour l'avenir. »

Le « djihad de proximité[1] » s'étend de la rue à l'école, qui devient l'école du combat. La ligne de démarcation passe dans les assiettes mais aussi entre les pupitres et l'estrade ; et on la retrouve même dans les salles de gymnastique et sur les pistes d'athlétisme.

À la cantine, on trie les nourritures terrestres. Dans les classes, il faut maintenant trier les nourritures de l'esprit. Afin que ne soit proposée là aussi que de la nourriture *halal* : une *histoire halal*, une *littérature halal*, des *sciences halal*, etc.

L'éducation physique et sportive suscite de plus en plus de difficultés ayant trait à la mixité et à la préservation de la pudeur des filles. L'absentéisme et le refus de certaines activités sont de plus en plus fréquents, notamment en piscine et en plein air.

Les lettres et la philosophie deviennent des disciplines difficiles à enseigner : Molière et en particulier *Le Tartuffe* sont des cibles de choix : refus d'étudier ou de jouer la pièce, boycott ou perturbation d'une représentation. Il y a ensuite les œuvres jugées licencieuses, comme par exemple : *Cyrano de Bergerac*, « libertines » ou favorables à la liberté de la femme, comme *Madame Bovary*, ou encore les auteurs dont on soupçonne qu'ils soient mis au programme pour promouvoir la religion chrétienne : Chrétien de Troyes, Chateaubriand avec le *Génie du christianisme*, et même Victor Hugo.

L'inspection générale de l'Éducation nationale pressent le casse-tête pédagogique pour les nouvelles

---

1. Expression forgée par le journaliste du *Monde*, Jean-Pierre Péroncel-Hugoz, dans *L'Indépendance*, décembre 2005.

éditions scolaires, puisque les élèves « sont engagés à trier les textes étudiés selon les mêmes catégories religieuses du halal, *l'autorisé*, et haram, *l'interdit* ». On retrouve cette nouvelle distinction dans tous les domaines de la vie culturelle où la censure islamique croit utile d'intervenir. Récemment, au cœur du pays de Gex, les responsables religieux ont fait pression sur une mairie de l'Ain pour interdire une pièce de Voltaire *Le Fanatisme ou Mahomet le Prophète*. Les associations islamiques se sont opposées à la représentation de cette œuvre au motif qu'« elle est une attaque explicite contre les valeurs de paix de l'islam et qu'elle est de nature à troubler l'ordre public[1] ».

On ne joue plus Beaumarchais à cause du fameux monologue de Figaro : « ... je broche une comédie dans les mœurs du sérail. Auteur espagnol, je crois pouvoir y fronder Mahomet sans scrupule : à l'instant un envoyé... de je ne sais où se plaint que j'offense dans mes vers la Sublime Porte, la Perse, une partie de la presqu'île de l'Inde, toute l'Égypte, les royaumes de Barca, de Tripoli, de Tunis, d'Alger et de Maroc : et voilà ma comédie flambée pour plaire aux princes mahométans... »

Il va falloir relire toute notre littérature à la lumière de cette nouvelle exigence. Molière et son Mamamouchi ne passeront pas la rampe. Hugo et son « enfant grec » qui réclamait « de la poudre et des balles » contre les Turcs éveillent la suspicion. La *Chanson de Roland* est recalée. Camus mis de côté.

Quant à l'Histoire, elle doit être revisitée, nettoyée de toutes ses parties impies et blessantes. Elle fait l'objet d'une accusation d'ensemble de la part de certains

---

1. *Le Figaro*, 12 décembre 2005.

élèves et de ceux qui les influencent : globalement mensongère et partiale, elle exprimerait une vision « judéo-chrétienne » et déformée du monde. « Les professeurs qui dispensent ces enseignements témoignent en effet de nombreuses contestations d'élèves. De manière générale, tout ce qui a trait à l'histoire du christianisme, du judaïsme, de la chrétienté ou du peuple juif peut être l'occasion de contestations. Les exemples abondent, plus ou moins surprenants, comme le refus d'étudier l'édification des cathédrales, ou d'ouvrir un livre sur un plan d'église byzantine, ou encore d'admettre l'existence de religions préislamiques en Égypte ou l'origine sumérienne de l'écriture. L'histoire sainte est alors à tout propos opposée à l'histoire. Cette contestation devient presque la norme et peut même se radicaliser et se politiser dès qu'on aborde des questions plus sensibles, notamment les croisades, le génocide des juifs, la guerre d'Algérie, les guerres israélo-arabes et la question palestinienne. En éducation civique, la laïcité est également contestée comme antireligieuse. »

Même l'organisation des sorties scolaires devient un exercice subtil, dès lors qu'il est question de visiter ou d'étudier les œuvres architecturales du patrimoine à connotation nationale : musées, lieux de mémoire, édifices religieux.

On a peine à imaginer le désarroi des enseignants. Peu à peu se met en place, à l'abri d'une hiérarchie paralysée par l'angoisse de l'incident, la grande chaîne de la panique, du silence et du compromis. Dans l'échelle inversée des sanctions, on se contente volontiers de crachats enveloppés d'injures qui viennent aux oreilles comme le sifflet rassurant de la

L'école sous surveillance

Cocotte-Minute. « La réaction la plus répandue des enseignants est l'autocensure. »

La Direction de l'évaluation et de la prospective vient d'adresser une note confidentielle au ministre de l'Éducation nationale. Elle tire la sonnette d'alarme, avec une énumération édifiante : en 2005, six cents professeurs ont vu leur véhicule endommagé sur leur lieu de travail ; mille violences physiques sans armes et cent vingt-neuf violences physiques avec armes ont été commises ; enfin douze mille cinq cent quatre-vingt-six « incidents » ont animé l'année scolaire ! Beau tableau de chasse. À ce compte-là, l'ordre national des Arts et Lettres sera décerné sur de nouveaux critères : « A enseigné trente ans la littérature. Inspecté quinze fois, promu sept fois, frappé quatorze fois, poignardé trois fois. A montré un courage exemplaire en regagnant sa classe après chaque hospitalisation. »

Notre école est paralysée, prostrée. Nos enseignants ne savent plus quoi enseigner. L'évocation de l'idée même d'un patriotisme français ne peut être qu'allusive. Peu à peu, l'Éducation cesse d'être *nationale*. Elle se mue en Éducation *anationale* ; dans certains établissements, on est même passé à l'étape suivante, celle de l'Éducation *antinationale*, pour obtenir la paix des classes et garantir le répit des lâches. Jusqu'à quand ? C'est bien la question dramatique que pose l'inspection générale du ministère : « Ce que nous avons observé dans les établissements scolaires implantés dans les quartiers où sont concentrées des populations issues de l'immigration maghrébine, parfois turque, africaine ou comorienne, quartiers de plus en plus homogènes sur le plan social et religieux, n'est manifestement que la partie scolairement visible d'un phénomène bien plus profond, dont l'évolution constitue

L'école sous surveillance

vraisemblablement l'une des clés de notre avenir. La réalité semble bien en effet être la suivante : pour la première fois dans notre pays, la question religieuse se superpose – au moins en partie – à la question sociale et à la question nationale. »

Le président de la République veille désormais personnellement au choix des manifestations nationales. Récemment, il a décidé d'annuler toute commémoration pour le quatre centième anniversaire de la naissance de Pierre Corneille, sans doute à cause du *Cid* et de cette histoire de « Maures » où Rodrigue nettoie au Kärcher ! La peur commande à l'Élysée : tout sauf provoquer les banlieues avec des rappels douteux d'une littérature de combat.

Les enfants élevés sur notre territoire se voient désormais proposer la France non pas comme un modèle mais comme une cible ; l'éducation se fait sur le mode de l'intimidation. On ne leur offre le choix qu'entre la violence antifrançaise des tubes de banlieue et la mélopée des « grands frères » avec la conversion à l'islam de combat.

Ces deux voies, radicalement différentes, éloignent le jeune citoyen de la France. Ceux qui choisissent la violence vont se fournir en matériel à décibels chez Virgin ou à la Fnac. Et, sur le chemin du retour, ils écoutent à tue-tête les CD du dernier cri. C'est à qui crachera le plus loin, taguera le plus vite, hurlera le plus fort son rap à lance-flammes : « Guerre raciale, guerre fatale, œil pour œil, dent pour dent, organisation radicale, par tous les moyens il faut leur niquer leurs mères Gouers [françaises][1] », ou encore cette

---
1. Groupe de rap Smala, *Le Monde*, 25 novembre 2005.

déclaration d'amour à Marianne : « La France est un pays de putes. C'est physique, biologique ; au bleu-blanc-rouge j'suis allergique[1]. »

Ceux qui vont vers l'islam apprennent l'ordre. Une certaine littérature enfantine d'inspiration radicale prospère, sur la place de Paris, avec par exemple, *La Voix du petit musulman*[2], où le chapitre intitulé « Le musulman est un combattant » fourmille de recommandations : « Dieu a garanti au combattant pour sa cause le Paradis s'il meurt et une belle récompense et un butin s'il reste vivant. Le combattant doit utiliser tous les moyens dont il dispose et se préparer sérieusement au combat et même si son matériel de guerre est assez léger... » Et un peu plus loin : « Le combattant musulman s'efforce de porter des coups et de tuer l'ennemi avant d'être tué. Dieu dit dans le Coran : "Ils tuent et ils sont tués"[3]. »

Rien n'est laissé au hasard. Tout est encadré : les loisirs, les livres, les jouets. Même les poupées sont peu à peu relookées. La Barbie n'a qu'à bien se tenir. La voilà concurrencée, depuis quelques mois, par la poupée Fulla[4], déjà vendue à deux millions d'exemplaires dans les supermarchés Carrefour du Proche-Orient. Avec ses beaux yeux surlignés de khôl, son *abaya*, un grand manteau noir, elle s'étourdit d'élégance avec ses robes du soir surbrodées et ses escarpins dorés. Fulla, la Barbie islamique, fait le bonheur des petites filles, en Égypte, en Arabie, à Dubaï. Elle sera bientôt chez nous. C'est une petite fille modèle : elle est voilée.

---

1. *Le Figaro*, 25 novembre 2005.
2. *Valeurs actuelles*, 29 juillet 2005.
3. *La Voix du petit musulman*, t. 5 et 6, p. 47-49.
4. *Le Figaro*, 16 janvier 2006.

IV

UNE INTIMIDATION QUI S'ÉTEND CHAQUE JOUR

Le 30 novembre 2005, à l'Assemblée nationale, lors des questions d'actualité, un député de la Moselle, François Grosdidier, se lève de son banc : « Dans ma commune, lors d'un mariage sur deux, l'hôtel de ville résonne de youyous... » À ce mot, l'hémicycle se soulève : le mot « youyou » déclenche les huées et les claquements de pupitres. La gauche hurle ; c'est une énorme vague qui enfle. Les insultes fusent : « raciste ! », « nazi ! ». Le député de la Moselle essaie de poursuivre son propos. Impossible. On n'entend plus que les vociférations et les injures. L'orateur s'égosille, et, de guerre lasse, se rassoit, sans avoir pu poser sa question. L'Assemblée chavire dans un tohu-bohu d'indignation. L'homme est pointé du doigt, lapidé du regard. La gauche réclame des sanctions. La presse alerte l'opinion : la flétrissure ne peut pas rester impunie, le mot « youyou » a été prononcé, il y a du vomi dans l'hémicycle, la représentation nationale en est souillée, éclaboussée. Le député se débat. Ses amis l'évitent. Comment son parti pourrait-il encore le soutenir ? « Adieu veaux, vaches, investiture ! » Et puis, deux jours plus tard, une fois le calme revenu, on découvre finalement que la suite du propos du député

Une intimidation qui s'étend chaque jour

incriminé était d'une grande banalité : « L'hôtel de ville résonne de youyous... ce sont de formidables moments de bonheur, des moments de chaleur humaine que nous partageons avec les familles. »

Les observateurs honnêtes, prenant acte du malentendu, tournent la page. Mais l'acharnement sur le député, malgré tout, ne faiblit pas. Ses explications, ses dénégations, dans les radios et sur les écrans, ne l'exonèrent pas d'avoir prononcé ce mot de « youyou ». Il prend la plume et écrit à la terre entière : « Dans ma commune, le terme de youyou ne choque personne, quelle que soit son origine... Ce mot ne pouvait pas avoir de connotation plus positive que dans mon intervention, où il exprimait la sincérité et le bonheur partagé dans le mariage. »

Il y a donc eu un contresens. Une semaine après, la trace indélébile du mot demeure dans les esprits, le corps du délit gît encore dans l'hémicycle. Alors que faire ? Que dire ? Comment retrouver le chemin de l'honneur ? Comment effacer ce dérapage qui n'en était pas un ? Il n'y a qu'une voie pour sortir de l'ornière : la voie de la conversion à l'islamophilie active. Et c'est ainsi que le député de la Moselle décide de passer désormais le plus clair de son temps à multiplier les signes, les manifestations, les témoignages. Il se découvre « musulman de profession ».

Dans une lettre qu'il m'a adressée pour répondre à mon courrier de sympathie, il fait valoir ses nouveaux titres : « Tant aux mariages qu'au ramadan ou à l'*Aïd*, je bois le thé et partage le bonheur de mes compatriotes musulmans, un tiers de la population de ma ville. J'ai fait élire dans mon exécutif Adil, Erfane et Abdelmajid. J'ai créé une partie musulmane dans notre cimetière communal et milite pour que les communes

Une intimidation qui s'étend chaque jour

puissent officiellement offrir aux musulmans des conditions permanentes et dignes pour l'exercice du culte. C'est certainement parce que je vis cette multiculturalité au quotidien, parce que je l'ai pleinement intégrée, que je ne pouvais pas m'imaginer que ce mot courant et positif pouvait provoquer une telle réaction chez nos collègues qui, même de bonne foi, conceptualisent à Paris plus qu'ils ne partagent la vie des habitants de nos villes. »

C'est alors qu'il a annoncé la création d'un centre culturel de l'islam dans sa commune de Woippy, après avoir confié l'animation de la cérémonie des vœux pour l'année 2006 à un jeune rappeur.

La leçon de cette histoire est simple : tout ce qui touche à l'islam est désormais interdit d'expression publique par ceux-là mêmes qui ont reçu pour mission de défendre notre modèle social et culturel. On ne peut pas s'écarter de la ligne.

Au rythme où progresse l'islamisation de la France, il est difficile d'imaginer jusqu'à quelles extrémités vont nous conduire nos lâchetés collectives, peut-être jusqu'au terme du voyage de la France dans l'histoire. Consolation : il y aura peut-être des youyous à l'enterrement de la République !

La vérité est qu'on n'a pas le droit, en France, aujourd'hui, de prononcer le mot même d'« islamisation ». Alors, chacun trouve des biais pour décrire la situation de son quartier, de sa région ; c'est maintenant au tour des élus de se voiler la face. Chacun y va de sa circonlocution. Le député de Marcq-en-Barœul, dans le Nord, parlant des horaires réservés aux femmes dans la piscine municipale de sa ville, se fend d'une déclaration chantournée : « L'islam ne nous menace pas. *On est tous d'accord.* C'est le communauta-

Une intimidation qui s'étend chaque jour

risme qui nous menace[1]. » Fadela Amera[2] n'a pas tort lorsqu'elle estime que « le communautarisme est le cache-sexe de l'islamisation des esprits ».

Les députés chaloupent, les intellectuels contournent, la parole publique se répand en périphrases et invite aux torsions de langage et contorsions de l'esprit dispensatrices des bienfaits du jour : il faut être *islamocompatible* et non plus *francocompatible.*

La République se terre dans un réduit laïc débordé par le tsunami de l'islam. Tous les domaines, tous les territoires sont touchés ; rien n'échappe à la grande poussée. Sur les chantiers, dans les campagnes, auprès des travailleurs et des chômeurs, l'intimidation se glisse partout. L'ANPE vient de rédiger ses annonces en langue arabe. Les grandes surfaces de distribution ne sont pas en reste ; il y a un marketing de la religion : j'ai, entre les mains, envoyé par un consommateur de Gennevilliers, le superbe dépliant de la société Carrefour appelant à « venir découvrir les nouveaux rayons halal » ; la page de gauche est consacrée aux produits frais : salade halal, saucisse de dinde, etc. ; la page de droite est dévolue aux horaires de prière ; la page de garde est ainsi libellée : « Carrefour Gennevilliers vous souhaite un bon ramadan. »

Les Français observent, impassibles, au fond d'eux-mêmes transis d'inquiétude, ce spectacle surprenant d'une France qui bascule. Ils entendent les « élites mondialisées » leur parler des ivresses cosmiques de la mondialisation heureuse, des nouveaux marchés turcs

---
1. *Le Télégramme de Brest*, 13 décembre 2003.
2. Présidente de l'association Ni Putes ni soumises.

Une intimidation qui s'étend chaque jour

de l'Europe joyeuse, du grand brassage planétaire des bonheurs arc-en-ciel. Eux, ils voient, à l'heure de leur clocher, sous le fronton de leur mairie, dans leur voisinage immédiat, l'usine qui se démonte, la mosquée qui s'installe, le porte-monnaie qui se vide. Sur leur lieu de travail même, ils observent les grandes manœuvres en cours ou en préparation. Car l'islamisation systématique de la société passe, après l'école, par l'entreprise.

C'est un fait qui n'est jamais abordé dans les débats officiels. Selon Yves Bertrand, ancien directeur des Renseignements généraux, « le monde du travail est désormais visé, avec, comme cibles, certaines catégories de personnel. Il s'agit évidemment des plus modestes, comme les caissières, les manutentionnaires ou les chauffeurs-livreurs[1] ».

En septembre 2005, le Centre français de recherche sur le Renseignement a mené une vaste enquête sur un sujet neuf : l'offensive islamiste dans les entreprises françaises. Ce document est le fruit d'un travail de terrain : rencontrant des cadres, des élus locaux, des associations de quartiers et des policiers, le rédacteur de ce rapport, Éric Denécé, sollicité par certaines entreprises, a mené ses investigations dans trois secteurs névralgiques : la grande distribution, le gardiennage, le transport, spécialement concernés au regard de leur type de recrutement et de leur implantation géographique.

Ce document remarquable de précision et de courage a été remis aux commanditaires. Il inquiète les pouvoirs publics car son contenu est alarmant. « La pression islamiste s'exerce dans les entreprises, princi-

---

1. Audition par la commission Debré, 9 juillet 2003.

Une intimidation qui s'étend chaque jour

palement selon deux modalités : le prosélytisme militant et le développement de trafics susceptibles d'alimenter la cause du djihad. »

La stratégie comprend trois étapes : d'abord le prosélytisme religieux ; puis la prise de contrôle de la communauté musulmane au sein de l'entreprise ; enfin, la remise en question des règles de fonctionnement de celle-ci pour imposer les valeurs islamiques. La tactique est partout la même. Les islamistes formulent d'abord des demandes pouvant apparaître comme « légitimes » : création de salles de prière sur les lieux de travail, adaptation des pauses quotidiennes pour permettre la pratique religieuse, aménagement du temps de travail lors du ramadan ou pour pouvoir disposer du vendredi comme jour chômé, respect des interdits alimentaires dans les restaurants d'entreprise.

Si ces premières démarches n'ont pas provoqué de réaction frontale de la direction ou des autres salariés, les militants passent alors à l'action plus ouverte et aux pressions multiples : prosélytisme religieux actif sur le lieu de travail, rejet de certains produits comme le vin et le porc dans les restaurants d'entreprise, lorsque la majorité des employés est musulmane, pressions sur les femmes pour le port du voile, refus de certains salariés musulmans de reconnaître l'autorité des cadres quand il s'agit de femmes, souhait de voir certaines fêtes religieuses islamiques chômées. Il faudrait aussi mentionner la prise de contrôle de certaines filières de recrutement au sein de l'entreprise. Le cas de la sécurité de nos aéroports est, comme on l'a vu, représentatif de ce point de vue.

« Les exemples sont nombreux, même si peu d'entreprises acceptent de les évoquer ouvertement, poursuit l'auteur du rapport : une dizaine de salles de prière clandestines ont été découvertes à Eurodisney ; en 2002, le président d'une société de fret à l'aéroport de Roissy, employant environ trois mille salariés, s'était plaint de "l'implantation d'un petit groupe de confession musulmane décidé à imposer leur mode de travail sous la menace de grèves à répétition". Le personnel de manutention était particulièrement virulent. Le chef d'entreprise s'indignait que des recrutements soient effectués par cooptation avec un critère de sélection "en fonction de la religion". Il ajoutait que les attentats du 11 septembre avaient été "salués à l'époque avec satisfaction par certains de ses salariés". »

Le secteur de la grande distribution apparaît comme le plus concerné : à Massy, dans l'Essonne comme à Montbéliard, dans le Doubs, certains extrémistes ont converti d'autres salariés français. De nombreux hypermarchés observent que les employés les plus engagés dans le prosélytisme islamique cherchent systématiquement à occuper les postes qui se situent à des *interfaces* : standardistes, chauffeurs-livreurs, coursiers, caissières, sécurité ; « autant de fonctions qui permettent des échanges d'informations, d'argent et de marchandises ».

La même enquête souligne que, dans les banlieues sensibles, « il est possible d'envisager à terme un dilemme pour les enseignes de la grande distribution, entre une certaine adaptation aux exigences de la clientèle musulmane et le risque de voir grandir la concurrence des commerces ethniques ».

Une intimidation qui s'étend chaque jour

Les sociétés de sécurité sont également une cible privilégiée. Deux raisons à cela : tout d'abord, le faible niveau de qualification demandé pour les tâches de gardiennage permet aux immigrés sans diplôme d'y trouver un débouché ; ensuite, les entreprises de sécurité s'efforcent de recruter en priorité des individus issus des minorités, les beurs et les blacks, afin que leurs agents ne se fassent pas taxer de racisme lors des contrôles. En conséquence, certaines sociétés sont infiltrées par des islamistes – Eurodisney en a été l'exemple – ou des réseaux de délinquants liés à l'immigration. Ce « contrôle » du recrutement leur permet de trouver un emploi aux membres de leur réseau, souvent sous une fausse identité, voire d'approcher des sites sensibles. De récentes enquêtes conduites au sein de sociétés sous-traitantes de la grande distribution ont permis d'évaluer que, dans 30 % des cas, les agents de sécurité travaillaient avec de faux papiers. C'est un sujet d'inquiétude des responsables de sécurité du secteur, qui passent désormais autant de temps à surveiller leurs propres vigiles sous-traitants que les délinquants présents dans leurs magasins.

Toute notre société est aujourd'hui touchée par ce phénomène. Le directeur central des Renseignements généraux a lui-même abordé récemment le problème nouveau de l'islamisation des prisons. Même les délinquants emprisonnés ont droit à la sollicitude militante. Car l'univers carcéral a lui aussi basculé. Il n'est plus un lieu d'amendement et de réinsertion sociale mais un vecteur de ce qui pourrait devenir une subversion active. Pour une raison simple, connue de tous

Une intimidation qui s'étend chaque jour

mais masquée au nom du politiquement correct : il y a une surreprésentation des personnes d'origine musulmane dans les prisons françaises. Selon les synthèses de la police nationale [1], 60 à 70 % des actes de délinquance sont le fait de personnes d'origine immigrée...

« Alors que les musulmans représentent moins de 10 % de la population française, ils sont 50 % des soixante-quatre mille détenus, voire plus de 70 % dans les maisons d'arrêt proches des banlieues [2]. » L'administration pénitentiaire estime que « les jeunes détenus de dix-huit à vingt-neuf ans et de culture musulmane sont dix fois plus nombreux que les autres ». Une réalité déjà soulignée par le sociologue Farhad Khosrokhavar : « L'islam est désormais la religion majoritaire en prison (de 50 à 80 %) [3]. » Un prisonnier célèbre, Loïk Le Floch-Prigent, vient de publier, à la suite de son incarcération, ses observations précieuses : « À la bibliothèque de Fresnes, les corans partent comme des petits pains. Il y a bien un problème de l'islam en France... Nous fabriquons dans nos prisons de véritables bombes [4]... » ; et il ajoute en guise d'avertissement : « L'islamisme des prisons va nous sauter à la figure [5]. »

C'est en prison que se créent ainsi les liens entre les réseaux radicaux et les réseaux de braquage. La DST parle d'« islamo-délinquance » et de l'émergence des « islamo-braqueurs ».

---

1. *Le Point*, 24 juin 2004.
2. *Le Journal du dimanche*, 19 juin 2005.
3. *L'Express*, 15 mars 2004.
4. Loïk Le Floch-Prigent, *Une incarcération ordinaire*, Le Cherche Midi, 2005.
5. *VSD*, 11 février 2006.

Une intimidation qui s'étend chaque jour

Le directeur central des Renseignements généraux établit une relation entre incarcération et conversion : « C'est là, en détention, que se tissent effectivement des liens entre une minorité d'activistes islamistes et d'autres individus ancrés dans la délinquance, qui trouvent ou retrouvent le chemin de la religion sous une forme radicale. Nous en constatons les effets sous la forme d'actes de provocation : les prières pendant les promenades, les détériorations de bibles dans les bibliothèques ou des sapins au moment de Noël[1]. » Derrière les barreaux, ce sont les durs qui imposent leur loi : « Dans les cellules, les affiches de Ben Laden ont fleuri. Un islam hostile à l'Occident, aux Français en général, aux juifs en particulier se développe[2]. »

Pour les pouvoirs publics, le choix est simple : la mutinerie ou la prière ! C'est pourquoi l'administration pénitentiaire a mis nos prisons en location-gérance en nommant soixante-dix-sept aumôniers musulmans ; et le ministère de la Justice a même débloqué des fonds pour engager un aumônier général des musulmans en prison. « L'homme, nommé à vie, devra désigner dix aumôniers régionaux pour organiser le service[3]. » Ce qui signifie que, dans les prisons comme ailleurs, le gouvernement prête la main à l'islamisation de la société française. Pour acheter la paix, par mauvaise conscience, au nom des droits de l'homme.

---

1. *Le Monde*, 25 novembre 2005.
2. *Le Figaro*, 2 mai 2005.
3. *Ibid.*

Une intimidation qui s'étend chaque jour

Tous les lieux publics doivent désormais faire une place à la nouvelle religion, quitte à effacer ou bousculer les anciens repères. Tous les lieux de culture doivent avoir leur petit coin d'islam. Dans certains endroits, il s'agit de conjuguer acte de repentance et acte de réparation : ainsi, une Cité nationale de l'histoire de l'immigration ouvre ses portes à Paris dans l'ancien musée des Colonies. « Une décision hautement symbolique, reconnaît Jacques Toubon, qui pilote ce projet. Installer une Cité de l'immigration dans un ancien musée des Colonies, c'est renverser le destin du bâtiment qui devait montrer la "mission civilisatrice" de la France[1]. » L'ancien ministre précise, pour ceux qui ne l'auraient pas compris, que la « Cité mettra en avant l'apport des immigrés à la civilisation française [et qu']il s'agit de modifier le regard contemporain » en montrant que « le phénomène de l'immigration [...] est constitutif de l'histoire de France ».

Autre décision symbolique d'une grande portée, l'érection d'un département des Arts de l'islam en département à part entière du musée du Louvre. Cette décision exauce le vœu de Jacques Chirac. Le projet est financé par un prince saoudien, le milliardaire Al-Wahid ben Talal. Ce département inédit s'installera, en 2009, grâce à ce prestigieux et riche parrainage, au milieu de la cour Visconti, à l'abri d'un grand voile de verre.

Les nouveaux dévots imposent ainsi la reconversion de nos musées, la réécriture de notre passé ; et ils

---

1. *Le Monde*, 1er novembre 2005.

Une intimidation qui s'étend chaque jour

accompagnent un autre mouvement de grande ampleur. Comme le note Éric Denécé dans son rapport sur « Le développement de l'islam fondamentaliste en France », internet et les télévisions par satellites diffusent un nouveau bouillon de culture, transforment les immeubles des cités en autant d'enclaves cathodiques des terres d'islam : « La diffusion de certains programmes télévisuels ainsi que la distribution de cassettes vidéo et la multiplication des sites internet jouent un rôle clé dans l'islamisation. En effet, une proportion croissante de musulmans, travaillés par les intégristes, écoute, depuis nos banlieues, les prêches fondamentalistes émis depuis le Yémen, le Soudan, le Pakistan et l'Arabie Saoudite. Et de plus en plus fréquemment, les islamistes radicaux cherchent à évincer les imams officiels des mosquées. On constate depuis dix ans l'essor des chaînes de télévision par satellites extra-européennes, captées au moyen d'antennes paraboliques, implantées sur les toits et les balcons de nos banlieues, dont Al-Jazira ou Al-Manar sont les plus connues. Plus de dix millions de personnes y ont accès en France, plus de cent millions en Europe. Certaines populations immigrées ont ainsi trouvé un moyen de rester en contact avec leurs communautés d'origine, en particulier de conserver des attaches linguistiques et culturelles. »

Mais le Net est surtout devenu un vecteur de propagation des fatwas. Aujourd'hui, n'importe quel individu disposant d'un serveur internet peut se croire autorisé à prêcher, commenter les événements, voire édicter des fatwas. « On les appelle déjà les *i-muftis* ou les *télé-imams* qui produisent des injonctions en fonction de la demande de leur clientèle[1]. » Selon Anne-

---

1. Henri Tincq, dans *Le Monde*, 11 février 2006.

Une intimidation qui s'étend chaque jour

Marie Delcambre, « le but des fatwas sur internet n'est pas de contribuer à l'intégration de l'individu dans la société. Au contraire, en lui offrant un espace de substitution, les fatwas le détachent du réel et l'ancrent dans son malaise. Elles le connectent à l'*Oumma* virtuelle mais le déconnectent de la réalité. La Toile renvoie à elle-même. L'islam véhiculé par internet, s'adressant à des internautes mal à l'aise, leur propose du virtuel, du fantasme religieux. C'est un islam totalement désincarné, apte à satisfaire tous les fantasmes et à alimenter tous les délires. Les fatwas violentes nourrissent la paranoïa. Elles rendent possibles, dans ce monde virtuel, l'injure, l'insulte, les menaces de mort. Il est facile de tuer sur le Net[1] ».

Peu à peu, c'est ainsi toute la cité qui se réorganise autour. La France se couvre de mosquées. Au cœur de mon département, où il y a officiellement quelques dizaines de musulmans, la ville de La Roche-sur-Yon annonce, dans la liesse, un minaret de quatorze mètres de haut. À quand le muezzin pour les cinq prières quotidiennes, de jour et de nuit ?

La construction de mosquées sur le territoire national est l'illustration même de cette évolution de la société française. Le nombre officiel de mosquées a été multiplié par seize en trente ans[2] et s'élève à mille six cents (le directeur des RG évoque, lui, mille sept cents lieux de culte recensés en 2004[3]) sur le territoire

---
1. Anne-Marie Delcambre, *La Schizophrénie de l'islam*, Desclée de Brouwer, 2006.
2. *Le Nouvel Observateur*, 2 février 2006.
3. *Le Monde*, 25 novembre 2005.

Une intimidation qui s'étend chaque jour

français. En 1970, on dénombrait, en France, cent mosquées. Avec quatre-vingt-dix-sept lieux de culte musulman, la Seine-Saint-Denis arrive en tête des départements. On cite parfois un chiffre : « Près de cent nouveaux lieux de culte musulman sont créés chaque année [1] » – nous sommes loin de la « désislamisation » évoquée par certains spécialistes au début des années quatre-vingt... En réalité, personne ne connaît les vrais chiffres ; on sait seulement que le nombre des permis de construire déposés en mairie explose littéralement, depuis la création du Conseil français du culte musulman par Nicolas Sarkozy. Beaucoup de responsables publics accompagnent la libanisation du territoire ; ainsi, Jean Glavany, l'ancien ministre de l'Agriculture, déclare-t-il solennellement : « Aujourd'hui, être un bon laïc, c'est encourager la construction de mosquées en France [2]. »

Les mosquées ne sont pas seulement des lieux de culte, parfois sous l'emprise de prédicateurs radicaux, mais aussi des lieux culturels et sociaux. Dans certaines localités, elles apparaissent comme de véritables institutions. Ce que souligne l'inspection générale de l'Éducation nationale : « Peu de Français savent qu'une mosquée n'est pas seulement un lieu de culte, mais aussi un lieu d'enseignement comportant des salles de classe. Elle est aussi souvent le siège d'associations culturelles et d'action sociale s'adressant à des publics particuliers, les femmes, les jeunes, les enfants..., encadrant les temps forts de la vie des élèves, offrant des services comme les loisirs et le soutien scolaire. C'est aussi parfois un centre de propagande

---

1. Fabrice Madouas, dans *Valeurs actuelles*, 1er avril 2005.
2. *La Nouvelle République des Pyrénées*, 21 décembre 2005.

Une intimidation qui s'étend chaque jour

et de diffusion de divers matériels : livres, brochures, cassettes audio et vidéo, édités en France ou au Proche-Orient, que des élèves diffusent autour d'eux. »

Certaines mosquées (une quarantaine selon les chiffres officiels) sont sous le contrôle d'imams intégristes dont l'influence sur les jeunes est croissante. Outre les réseaux djihadistes, la France doit faire face à un certain nombre de prédicateurs qui tiennent un discours de rejet des valeurs occidentales tout en prenant soin de ne pas se mettre hors la loi. Tout un tissu associatif s'installe et ensuite, par scissiparité, éclate en noyaux multiples et cellules relais.

L'islamisation est utilisée comme un double terreau : celui du *communautarisme*, qui porte atteinte aux principes de la citoyenneté et celui de l'*islamisme*, qui porte atteinte à la sécurité de la France.

Le juge Bruguière nous a prévenus à plusieurs reprises : « Ce serait une erreur d'imaginer que la France est à l'abri des attentats islamistes en raison de sa position sur l'Irak[1]. »

Les services antiterroristes craignent les groupes radicaux composés de musulmans vivant en France depuis longtemps ; ils surveillent le retour des jeunes djihadistes d'Irak et les groupes étrangers qui font de notre pays une cible privilégiée.

Ils redoutent particulièrement le Groupe salafiste pour la prédication et le combat qui a étendu ses tentacules dans les franges des États sahariens, à partir des bases algériennes[2]. Issu d'une scission du Groupe

---
1. Jean-Louis Bruguière, dans *L'Express*, 22 août 2005.
2. Aymeric Chauprade, « Sahel, Sahara, un avenir radieux pour l'extrémisme ? », *L'Économiste* (quotidien marocain).

Une intimidation qui s'étend chaque jour

islamique armé, le GIA algérien, le GSPC, qui a fait de la France son « ennemi numéro un », a déclaré que « le seul moyen de rendre la France disciplinée est le djihad et le martyr pour l'islam ».

Pour la première fois, une enquête judiciaire vient d'établir que des islamistes se seraient procuré deux missiles sol-air en Tchétchénie. La France se trouve devant le danger majeur d'une guerre terroriste sans précédent que le juge Bruguière envisage sérieusement : « ... la menace chimique reste d'actualité. Pour la simple raison que certains de ces réseaux ont travaillé sur du chimique ou du biologique primaire du type ricine ou toxine botulique. Ils ont été formés en Afghanistan, dans des camps spécialisés, tenus notamment par des Égyptiens ou dans le Caucase, en Géorgie (dans la vallée du Penkissi qui sert de refuge à des islamistes tchétchènes), etc. » Quant au risque nucléaire, « une chose est certaine : le risque d'une bombe sale ne relève pas de la supputation ».

Au fond, l'islamisme a deux visages : celui de Farid Benyettou, un salafiste arrêté en janvier 2005 pour avoir organisé le départ de jeunes djihadistes pour l'Irak, et celui de Tariq Ramadan, ce prédicateur en vogue chez les musulmans (et chez nombre de non-musulmans, notamment parmi les Verts, anciens tiers-mondistes), dont Jacques Julliard évoquait dans *Le Nouvel Observateur* « la stratégie d'islamisation progressive de la société française [1] » ; d'un côté, celui des réseaux djihadistes qui se préparent à l'action et, de l'autre, celui des prédicateurs radicaux qui distillent la haine et le rejet de

---

1. *Le Nouvel Observateur*, 9 septembre 2005.

Une intimidation qui s'étend chaque jour

l'Occident en prenant soin de ne pas franchir la ligne jaune. En d'autres termes, celui du glaive et celui du verbe ; celui du « sabre et celui du *Coran*[1]... ».

Le premier prône le djihad et les actions terroristes : il est dans une logique d'affrontement direct avec tout ce qui rappelle l'Occident. Le second progresse à partir d'une logique d'infiltration sournoise de notre société. Il se reconnaît ainsi dans le discours de Youssef al-Qaradhwi, ce membre éminent du Conseil européen pour la fatwa créé par l'UOIF qui prédit : « L'islam retournera en Europe en conquérant et en vainqueur [...]. Je soutiens que cette fois la conquête ne se fera pas par l'épée mais par la prédication et l'idéologie[2]. »

Si les deux stratégies diffèrent sensiblement, l'objectif est identique : « Tous s'entendent sur l'objectif de propagation de l'islam et de conquête de l'Occident, l'opposition portant uniquement sur les moyens à employer », note Paul Landau.

Outre le fait que des passerelles existent entre les prédicateurs radicaux et les réseaux djihadistes, à moyen et long terme, le danger n'est pas forcément le plus visible : l'islamisme rampant est, en effet, plus dangereux car plus insidieux. Il ne s'affirme pas comme tel mais sait faire preuve de retenue et de modération lorsqu'il le juge nécessaire ; il se pare des atours républicains. Il préfère la polarisation oblique à la polarisation frontale. À l'image du visage de Tariq Ramadan – bien loin de la caricature de l'imprécateur –, il propose en quelque sorte un islamisme à visage humain.

---
1. Paul Landau, *Le Sabre et le Coran*, Éditions du Rocher, 2005.
2. Cité par Paul Landau, *ibid.*

Une intimidation qui s'étend chaque jour

Son discours est ravageur car il touche une partie considérable de la population d'origine musulmane. Comme le notait *L'Express* du 18 octobre 2004, « bretteur hors pair, Tariq Ramadan sait mieux que personne captiver les jeunes musulmans avides d'idoles identitaires [...]. Il joue à l'oreille des démocrates la douce musique qu'ils veulent entendre ».

Ce travail de sape s'inscrit dans la durée : il vise à transformer la société française en douceur sans jamais l'affronter directement. Au final, il n'en sera que beaucoup plus dévastateur. Car il est beaucoup plus difficile à contrecarrer.

Si le risque zéro n'existe pas, la France est armée pour lutter contre les réseaux djihadistes qui se prépareraient à passer à l'action. En frappant en amont, les services antiterroristes empêchent les radicaux de finaliser leurs projets d'attentats.

À l'inverse, faute de volonté politique, notre pays est dépourvu de moyens pour lutter contre l'islamisme rampant qui surfe sur la vague communautaire pour imposer progressivement ses valeurs à la société française.

Bref, comme le notait le rapport de la commission Stasi, « des groupes extrémistes sont à l'œuvre dans notre pays pour tester la résistance de la République et pour pousser certains jeunes à rejeter la France et ses valeurs ». Ces groupes ne cherchent pas à attaquer frontalement la République. C'est là le grand danger.

V

LA FRANCE GLISSE
DANS LE COMMUNAUTARISME

Chaque jour, c'est un petit bout de terrain qui est perdu par la République et gagné par les tenants de la société multiculturelle. Après le transport aérien, après l'entreprise, après le débat public, quoi encore ? L'école bien sûr, on l'a vu. Dernier exemple spectaculaire : le ministre de l'Éducation nationale vient de rappeler à l'ordre les établissements qui prévoient encore des contrôles scolaires le jour de l'*Aïd el-Kébir*. Les familles, qui avaient protesté, triomphent : il n'y a plus de « vacances de Pâques », désormais rebaptisées « vacances de printemps » ; on ne fête plus l'Épiphanie, mais quelques jours après, on célèbre l'*Aïd el-Kébir* comme à La Mecque [1].

Cet état d'esprit défaitiste a gagné depuis longtemps ce qu'on a appelé les « territoires perdus de la République ». Que fait-on ainsi dans les banlieues depuis dix ans ? On achète la paix sociale ; on négocie les conditions d'un ordre précaire. En entretenant les associations de quartiers aux mains des agitateurs du

---
1. AFP, 6 janvier 2006.

La France glisse dans le communautarisme

Coran, les pouvoirs publics abdiquent toute résistance. Ils échangent un lopin de communautarisme contre un brin d'accalmie.

De nombreux élus en ont pris conscience. Le maire d'Évry exprimait récemment ses craintes : « Certains maires, y compris socialistes, accordent aux femmes des horaires spécifiques dans les piscines municipales, avertissait Manuel Valls, socialiste et ancien conseiller à Matignon de Jospin. Cela revient à ouvrir la porte à un apartheid qui existe déjà au plan territorial et social, et qui risque de se poursuivre sur le plan des sexes ou des origines. Si l'on accepte que les filles n'aillent plus en cours d'éducation physique, demain il y aura des jeunes qui refuseront de suivre les cours d'histoire ou de sciences naturelles. Si on admettait que des hommes ne peuvent être auscultés à l'hôpital que par des hommes et des femmes que par des femmes, on irait au-devant de graves difficultés. Il faut donc être intransigeant sur ces principes républicains[1]. »

La ville de Lille, elle, a choisi d'instituer des créneaux pour les femmes dans les piscines municipales. « Désormais, à la piscine municipale de Lille, il y aura des heures pour les femmes. Et des heures pour les hommes. Et aussi un immense rideau, qui, sait-on jamais, éloignera des regards "coupables" les baigneuses musulmanes intégristes. À Lille, la puissante organisation islamique l'UOIF jubile ; ses associations faux nez, comme seul le Parti communiste des années cinquante savait les manipuler, ont obtenu gain de cause[2]. »

---

1. *Aujourd'hui en France*, 20 octobre 2005.
2. Georges-Marc Benamou, dans *Nice-Matin*, 22 juin 2003.

La France glisse dans le communautarisme

L'islamisation des lieux publics ne se limite pas aux piscines municipales. Dans les hôpitaux publics, certaines femmes refusent de se faire soigner par des médecins hommes. L'inspection générale de l'Administration a déposé au début de l'année, sur le bureau du Premier ministre, un rapport sur la mixité, qui relève notamment la multiplication des revendications communautaires : anesthésiste menacé, médecin récusé. « À l'hôpital de Saint-Denis, du 15 août 2004 au 15 juin 2005, dix-sept incidents liés au refus de la mixité ont été enregistrés. »

Martine Aubry racontait, lors d'un *Grand Jury* RTL-*Le Monde*-LCI : « Je suis présidente de l'hôpital de Lille ; il y a aujourd'hui des jeunes femmes qui viennent avec leur mari et qui n'acceptent pas de se faire soigner par un médecin homme. J'ai discuté avec le recteur de la mosquée, je lui ai dit que c'était inacceptable, on a failli avoir des accidents et nous avons obtenu, par le dialogue, qu'il y ait un référent à la mosquée qui puisse être appelé à tous moments pour convaincre le mari ou la femme elle-même qu'elle peut se faire soigner par un homme. Donc, vous voyez, le dialogue, c'est quand même nécessaire[1]. » Effectivement, une nouvelle sorte de dialogue s'est engagée entre « autorités », une nouvelle chaîne symbolique s'est mise en place : on a remplacé le référé du maire par le référent de la mosquée. Est-ce vraiment un progrès ?

La mosquée est donc en train de devenir une référence dans l'organisation de la cité. Belle victoire qui en appelle d'autres. Insensible glissement dans le communautarisme. Peu à peu, l'autorité se déplace,

---
1. *Grand Jury* RTL-*Le Monde*-LCI, 2 décembre 2003.

d'un lieu à un autre. D'un lieu public à un lieu de culte. D'un endroit qui représente la communauté *nationale* à un autre endroit qui représente la communauté *particulière*.

Historiquement, c'est le relativisme culturel qui a porté la nouvelle idéologie du *différentialisme* : « Dans les années quatre-vingt-quatre-vingt-dix, reconnaissait Jack Lang, l'accent était mis sur le métissage, le mélange. L'idéologie qui nous animait était celle de la réconciliation fraternelle entre les enfants de toutes les origines, sans réclamer d'eux qu'ils abolissent leurs différences religieuses, culturelles ou autres. Il y avait la croyance que ce mélange des différences serait tellement fécond qu'il fallait être tolérant face aux particularismes [1]. » Et d'avouer : « Nous étions peut-être un peu naïfs. »

Venant de Jack Lang, cette autocritique prend un certain relief. Le député du Pas-de-Calais est, en effet, un des hérauts du relativisme, qu'on appelle aujourd'hui « la diversité ». Il a fait oublier sa fameuse déclaration à propos du voile islamique : « Je trouve ces foulards très seyants. Ils mettent en lumière les beaux visages de ces jeunes filles [2]. » Avec le recul, on mesure l'impact de telles billevesées. D'autant plus que Jack Lang était, à l'époque, ministre de l'Éducation nationale.

Cette responsabilité de la gauche, le journaliste Éric Conan la pointait du doigt dans un essai talentueux : « En encourageant le relativisme culturel, la gauche a

---

1. *L'Express*, 30 avril 2003.
2. *Le Monde de l'éducation*, avril 1995.

La France glisse dans le communautarisme

contribué à la dégradation des conditions de l'intégration[1]. »

La droite n'est pas en reste. Car il faut rappeler que le texte sur le regroupement familial fut conçu par le gouvernement Chirac, agissant sous l'autorité du président Giscard d'Estaing. Sans le « regroupement familial », il y aurait en France un à deux millions de musulmans seulement, et non pas six à sept millions comme aujourd'hui.

L'idéologie du différentialisme a favorisé les trois grandes dérives migratoires des trente dernières années : la première fut le regroupement familial qui transforma, à partir de 1976, l'immigration du travail en immigration de peuplement ; la seconde fut le libre accès des étrangers aux avantages des citoyens, qui engendra une immigration d'allocataires ; la troisième fut l'acquisition automatique de la nationalité qui installa une immigration de refus dans une France en damier, où la fusion ne se fait plus.

Aujourd'hui, le creuset est en panne, la désaffiliation s'est généralisée. Le peuple, maintenu à distance de tous les débats sur les questions de l'immigration, s'est vengé le 29 mai 2005. Le référendum a révélé une véritable fracture démocratique, comme s'il y avait deux France : d'un côté, la France des élites mondialisées ; de l'autre, la France qui souffre et qui voit, en une seule année, 45 588 voitures de voisins partir en fumée ; d'un côté, la France du système représentatif qui prône le multiculturalisme : trente ans d'échecs, de dissimulation ; de l'autre, la France du

---

1. Éric Conan, *La Gauche sans le peuple*, Fayard, 2004.

La France glisse dans le communautarisme

pays profond : trente ans d'espérances trahies par des alternances de façade et des ruptures « virtuelles » ; d'un côté, la France boursière de la mobilité spéculative, la France furtive des fortunes soudaines, la France de l'euroland, des indices et des enclaves résidentielles, qui voit l'islamisme comme un exotisme de palmeraies ; de l'autre, la France tuméfiée des déchirures, des délocalisations, la France blessée de la casse et de la peur, des usines qui déménagent et des banlieues qui s'embrasent. La France de tous les abandons.

Or ces deux France ne se rencontrent plus, ne s'entendent plus, ne se comprennent plus. La première, celle qui commande la pensée, explique à la seconde, ébahie : La France est une nostalgie résiduelle ; la Turquie, une chance ; l'euro, une réussite ; la mondialisation, une aubaine ; l'immigration, une aube nouvelle ; les incendiaires, des victimes ; les casseurs, des cœurs tendres, et la société multiculturelle, notre destin.

Elle est là, la fracture. Le peuple et les élites n'ont plus la même vision de la France ni le même diagnostic sur la crise dans laquelle notre pays s'enfonce. La France est aujourd'hui menacée dans son unité, sa vitalité, son identité et sa souveraineté. Menacée de désintégration par deux idéologies mortelles qui gangrènent la classe politique : le communautarisme et le mondialisme.

Ces deux idéologies se complètent et se répondent. L'idéologie mondialiste s'appuie sur le communautarisme pour désintégrer les cadres nationaux protecteurs. L'idéologie communautariste rêve, elle aussi, d'un monde unique dans lequel il serait possible de substituer au sentiment d'appartenance culturel, géographique, national, un sentiment d'appartenance planétaire, ethnico-religieux. Souvenons-nous des

La France glisse dans le communautarisme

confidences des geôliers de Georges Malbrunot : « Nous voulons reconstituer l'empire islamique, de l'Espagne aux confins de la Chine. »

A-t-on seulement songé que « communautarisme » est un mot nouveau en France ? C'est un phénomène récent, lié à la déferlante migratoire des dernières décennies.

La mort de vingt-quatre migrants africains dans les incendies des squats de Paris, en septembre 2005, symbolise le désastre de ce qu'on appelle, par antiphrase, « la politique française d'immigration ». Aujourd'hui, des centaines de milliers de personnes arrivent en France chaque année sans travail ni logement et s'entassent dans des taudis misérables. Laisser entrer en France ces familles africaines déracinées (je le dis avec mon amour de l'Afrique tramé dans des liens profonds, notamment entre le conseil général de Vendée que je dirige et le Bénin), laisser entrer, c'est-à-dire laisser espérer, laisser rêver ces familles, quand on n'a rien à leur proposer pour les loger ou leur donner du travail, ce n'est pas une attitude de générosité, c'est une attitude criminelle.

L'embrasement des banlieues de la Toussaint 2005 signale le basculement de la France dans le communautarisme, à partir de trois faits majeurs que les historiens ne manqueront pas de rapprocher. Lorsqu'il s'est agi de mettre fin aux émeutes, les autorités ont joué en effet sur trois claviers : le clavier des « grands frères » qui, pour ramener le calme dans les rues, clamaient : « Restez calmes ! *Allahou Akbar*[1] ! » ; le clavier

---
1. « Dieu est grand ! »

La France glisse dans le communautarisme

de l'instance représentative de l'islam français mise en place par Nicolas Sarkozy, avec la réception solennelle accordée par le Premier ministre au président du Conseil français du culte musulman, appelant à sa sortie, sur le perron de Matignon, « au retour au calme » ; enfin le clavier de la fatwa, lancée sur les plateaux du 20 heures, à l'adresse des émeutiers, un soir de novembre, par l'Union des organisations islamiques de France, à la demande du ministre de l'Intérieur lui-même.

En résumé, pour ramener le calme dans nos quartiers, il a fallu en appeler d'abord aux barbus puis au recteur de la Mosquée de Paris, et enfin à *Allah* lui-même par le truchement d'un « rappel du verset 64 de la sourate V du saint Coran ». Dans la France de 2005, dans notre République dite laïque, un ministre a appelé à son secours des imams pour que ceux-ci, comme en Iran, comme en Arabie Saoudite, délivrent une consigne à leurs millions de fidèles. Depuis que les émeutiers ont fait la pause, la France retient son souffle. Les médiateurs et le ministre de l'Intérieur minimisent les incidents. Les titres de la presse sur la nuit de la Saint-Sylvestre sont révélateurs : « Nuit calme, trente policiers blessés, quatre cent vingt-cinq véhicules incendiés *seulement*. » Une nuit normale.

Depuis la « guerre des banlieues », que proposent les pouvoirs publics ? D'encourager et d'étendre le communautarisme.

De tous les théoriciens de ce nouveau modèle, c'est sans doute Nicolas Sarkozy le plus déterminé. Le 23 décembre 2005, il a rappelé ses positions singulières, et son refus du principe d'une immigration zéro.

La France glisse dans le communautarisme

« Je n'ai jamais défendu cette thèse. J'ai défendu des quotas d'immigrés, c'est-à-dire une immigration positive. Je suis l'homme politique en France qui s'est le plus battu pour la discrimination positive. C'est une idée nouvelle qui est exactement le contraire de l'idéologie véhiculée non seulement par l'extrême droite, mais aussi par une partie de la droite. Troisièmement, j'ai écrit dès 2001, dans mon livre *Libre*, que j'étais favorable au vote des étrangers aux municipales. Quatrième élément : j'ai été celui qui a porté la question de l'islam en France. J'ai dit que l'islam était une grande religion de France, qu'elle devait être représentée dans le cadre des institutions de la République, et que, si les musulmans pratiquants n'étaient pas au-dessus des lois, ils n'étaient pas non plus en dessous. Cinquième élément : je suis le ministre de l'Intérieur qui a fait voter la suppression de la double peine à l'unanimité. Sixième élément : pour les lycéens dont les parents n'ont pas de papiers, j'ai pris la décision lourde d'arrêter les expulsions durant l'année scolaire ; sur toutes ces questions, j'ai exprimé un diagnostic et une vision de notre société[1]. »

Or, cette vision est très exactement celle du communautarisme ; on met fin au principe de citoyenneté en le rendant inutile, c'est-à-dire en accordant aux étrangers les deux droits distinctifs des nationaux : la pérennité du séjour, qui existe désormais avec la carte de séjour renouvelable par tacite reconduction, et le droit de vote, qui exprime une implication personnelle dans la collectivité d'accueil, et qui, jusqu'à présent, reste lié à la nationalité française. Alors même que la France est le pays du monde où l'acquisition

---
1. *Libération*, 23 décembre 2005.

La France glisse dans le communautarisme

de la nationalité est la plus facile – cent quarante-cinq mille naturalisations par an –, le ministre de l'Intérieur propose de dissocier ainsi citoyenneté et nationalité.

Le diagnostic de Nicolas Sarkozy s'appuie sur un constat : « Nous sommes *déjà* dans le communautarisme. » Sa vision est logique mais périlleuse : « Essayons d'organiser cette France en alvéoles » pour l'équilibre et pour la paix civile. La « France d'après », c'est la France d'après les Français.

C'est une nouvelle définition de la France, fondée sur la coexistence pacifique de toutes les communautés entre elles. C'est une vision américaine, anglaise, hollandaise. Le malheur, c'est qu'elle a échoué en Amérique, en Angleterre et en Hollande. Ce modèle-là d'insertion communautaire, de désintégration harmonieuse, bute sur la réalité des cultures, des identités et des modes de vie. Il ne tient compte ni de la sédimentation historique ni des tempéraments des peuples et de leurs traditions ancestrales.

C'est pourtant le modèle subrepticement choisi par la France et vanté récemment par le Premier ministre et le président de la République avec les concepts trompeurs de « diversité » et de « mixité sociale » qu'il faut entendre ainsi : plus d'immigration de peuplement et plus de brassage obligatoire sur l'ensemble du territoire national.

Aujourd'hui, le communautarisme se développe, sur notre territoire, sous trois formes insidieuses.

Premièrement, le communautarisme des quartiers. La France est en train de se transformer en profondeur : une France ethnique, fragmentée, communau-

La France glisse dans le communautarisme

tarisée, s'installe progressivement en lieu et place de la France une et indivisible. Un véritable apartheid français se met en place ; c'est la grande fracture territoriale avec deux cartes de France : la première, celle de l'élite, abritée derrière les remparts des beaux quartiers. Cette France-là plaide pour toujours moins de frontières. Et la seconde, celle du peuple, qui souffre profondément au contact direct du voisinage obligé de la peur, de la poudre et de la haine. Six cent trente cités interdites, bientôt mille : la voilà la nouvelle frontière alors que se multiplient partout les « territoires perdus de la République », perdus pour l'État de droit auquel ils échappent, perdus pour la police, les pompiers, les médecins qui ne peuvent plus y pénétrer, perdus pour la paix civile. Plus aucune ville n'est épargnée. Chaque maire a ce qu'on appelle pudiquement son « quartier sensible ».

Et ce sont les citoyens français qui paient. Ils paient alors qu'un Français sur deux est obligé d'attendre aujourd'hui cinq ans pour obtenir un logement ; ils paient pour reloger des immigrants illégaux qui ne respectent pas la loi française ; ils paient pour les familles polygames ; ils paient pour les clandestins qui, contrairement aux citoyens français, ont un accès totalement gratuit à tous les soins médicaux sans aucun ticket modérateur ; ils paient pour des migrants irréguliers qui en viennent à refuser le relogement proposé sous prétexte de « ne pas quitter leur quartier », comme cette famille malienne qui, en septembre 2005, a récusé l'offre d'un six-pièces Porte de Saint-Cloud dans le seizième arrondissement. Et que propose le gouvernement ? Créer des milliers de logements sociaux supplémentaires pour étendre le phénomène à toutes les petites villes encore épargnées.

La France glisse dans le communautarisme

En d'autres termes, il y a le feu et le gouvernement propose un appel d'air. Cet apartheid à la française est porteur d'une implacable logique : il fait le lit de l'islam radical : on propose aujourd'hui, dans beaucoup de ces quartiers, une boîte à outils redoutable.

L'outil idéologique d'abord : le discours sur le djihad, sur la traque guerrière, tenu chaque jour dans quarante mosquées rien que dans la région parisienne où on prêche le feu, où les mots sont des balles traçantes. Un discours qui désarçonne beaucoup de musulmans dont le civisme est irréprochable et qui sont eux-mêmes terrorisés. Ceux-là, personne n'en parle et ils ont pourtant bien du mérite à choisir la France contre, parfois, leur voisinage. Il y a aussi l'outil logistique, pour combattre : armes de guerre, explosifs circulent en toute impunité. Enfin, l'outil de la contrainte pour soumettre les jeunes filles, les femmes, les enfants, c'est-à-dire les premières victimes de cette néobarbarie : ce sont soixante-dix mille jeunes filles qui sont aujourd'hui menacées de mariage forcé, alors que la polygamie s'épanouit dans nos villes.

Cet apartheid nous conduit tout droit à la guerre civile ethnique. La Toussaint 2005 restera, dans l'histoire, comme une miniature prémonitoire. L'explosion des violences à caractère ethnique marque une nouvelle étape dans la fragmentation de la France : les actes racistes et antisémites, commis par des jeunes des cités, ont encore doublé entre 2003 et 2004 (de huit cent trente-trois à mille cinq cent soixante-cinq) ; les violences antiblancs ont perdu leur caractère tabou dans la presse[1]. Les enlèvements dont celui, tragique,

---
1. *Le Monde*, 13 mars 2005.

La France glisse dans le communautarisme

du jeune Ilan Halimi à Bagneux, se multiplient même si on essaie de minimiser cette réalité.

Le second communautarisme est le communautarisme d'État. En passant du constat à la consécration juridique, il consiste à institutionnaliser la fragmentation de la France. Trois décisions récentes ont ainsi pulvérisé les principes les plus élémentaires de la cohésion nationale.

La première décision, c'est la création du Conseil français du culte musulman. Le ministre de l'Intérieur a promu l'islam en *religion d'État*. L'idée d'une puissance publique parallèle, financée par des États étrangers, dotée d'une mission politico-religieuse, est contraire à nos normes fondatrices. On confie à des notables religieux élus un rôle de représentativité politique à l'intérieur de l'État. Le Conseil français du culte musulman est un État dans l'État, lui-même contrôlé par les radicaux de l'UOIF dont le mot d'ordre claque comme un drapeau : « Notre seule Constitution, c'est le Coran ! » On introduit, au cœur même de la République, ceux-là mêmes qui veulent faire de la France une république islamiste.

Et on constate, chaque jour davantage, que cette instance est elle-même une émanation de puissances étrangères : le Maroc, avec la Fédération des musulmans, l'Égypte et l'Arabie avec les Frères musulmans, l'Algérie avec la Mosquée de Paris.

La deuxième décision, c'est la mise en place d'une *Fondation de l'islam de France* avec le concours notamment de la Caisse des dépôts, la banque des collectivités locales dont la mission a été ainsi révisée : devra-t-elle de moins en moins financer les projets locaux des maires et des institutions territoriales ? Désormais l'épargne française, qu'elle a pour mission de collecter, devra-t-elle financer la construction des mosquées ?

La troisième décision, c'est la formation des imams dans les universités françaises. Imagine-t-on l'État former lui-même les séminaristes ou les futurs rabbins ?

Ces projets qui visent à développer un contrôle de l'État sur l'islam sont totalement illusoires. Ils n'empêchent en rien les idées fondamentalistes de prospérer. On ne fait que brouiller les repères en bradant l'héritage républicain français, en introduisant une discrimination entre les religions et en instaurant une nouvelle religion d'État.

Quelques voix fortes s'élèvent cependant : « Nous pensons que l'État n'a pas à se mêler de l'organisation de l'islam. C'est complètement en porte-à-faux avec la loi. Ce n'est pas au ministère de l'Intérieur de déterminer ce que sera demain l'islam de France. C'est aux musulmans de se débrouiller entre eux... Aujourd'hui, on a franchi allégrement la barre, sans compter que l'islam a déjà un gros problème de compréhension de la laïcité. » De même, « on envoie un message terrible aux musulmans : "La loi de séparation de l'Église et de l'État, ce n'est pas pour vous." Le silence des intellectuels est étonnant[1] ».

Paul-Marie Coûteaux écrit justement : « *Mutatis mutandis*, M. Sarkozy est dans la situation de M. Bush, pris au piège de l'instrumentalisation de l'islamisme radical que Washington expérimenta dans les années quatre-vingt en armant les moudjahidine afghans et que d'imprudents stratèges prolongèrent dans les

---

1. Michèle Tribalat, *La République et l'islam*, Gallimard, 2003.

années suivantes. Consciente ou non, cette politique consistant à rendre religieuses des questions politiques est toujours celle de l'apprenti sorcier[1]... »

Faut-il renier à ce point les fondations de la République ? Des accommodements du gallicanisme jusqu'à la loi de 1905, la tradition française a toujours tendu à donner aux conflits religieux une réponse politique. Ici on fait l'inverse. Que dit Henri IV avec son « Paris vaut bien une messe » si ce n'est que l'État est extérieur aux querelles religieuses ? C'est bien d'ailleurs la seule façon de les résoudre, à moins de sacrifier à un multiculturalisme communautaire fort loin du logiciel français.

Enfin, il y a un troisième communautarisme qui s'installe en France, c'est le communautarisme des diplômes et des emplois, annoncé à La Baule par le ministre de l'Intérieur, avec ce sésame programmatique : « Je veux faire entrer la France dans la logique de la discrimination positive. » Or cette logique entraîne le passage de la société du mérite à la société ethnique. On établit en quelque sorte « la préférence raciale ». C'est-à-dire qu'on accorde des privilèges à partir de l'origine ethnique. Avec une arrière-pensée : ce n'est plus à l'immigré de s'adapter à la France, c'est à la France de s'adapter à l'immigration. Tout ce discours, tenu par nos dirigeants depuis la « guerre des banlieues », décourage l'effort personnel : on distribuera des statuts, des exemptions, des prérogatives ethniques. Il n'y a plus d'effort à consentir pour devenir français. Il suffit d'entrer dans la bonne catégorie,

---

1. *L'Indépendance*, octobre 2005.

La France glisse dans le communautarisme

de cocher la bonne case pour être exempté, avantagé, franchisé. On ne *francise* pas, on *franchise*.

Cette doctrine, contraire à toutes nos traditions, est reçue dans les banlieues comme un formidable aveu de faiblesse et de culpabilité : voilà que la France du transparti de la Trouille se déclare prête, à la suite d'une révolte territoriale d'une catégorie de ses habitants, à bouleverser et jeter bas tout son édifice juridique fondé sur les principes d'égalité et d'universalité qui fondent la légitimité des parcours personnels et de l'accès aux plus hautes fonctions.

En réalité, ce discours est criminogène parce qu'il paraît légitimer les violences en présentant les auteurs de ces actes comme des victimes de la société française. On victimise ceux qu'on promeut. Il suffit de faire du bruit pour être entendu. On prépare ainsi une nouvelle échelle des mérites : la promotion au décibel.

La « discrimination positive » me paraît donc contraire à nos valeurs et dangereuse pour la société. S'il ne s'agissait que de « faire plus pour ceux qui ont moins[1] », comme le déclare Nicolas Sarkozy, tout le monde serait bien d'accord. Mais ce concept, *stricto sensu*, signifie tout autre chose : la distribution des places et des pouvoirs de décision en fonction de critères différents du seul mérite, en tenant compte par exemple du sexe, de la race, de la religion, et dorénavant de la zone territoriale d'origine, la banlieue.

Où veut-on en venir en confondant ainsi la politique sociale traditionnelle et la « discrimination posi-

---

1. *Le Figaro*, 25 novembre 2005.

La France glisse dans le communautarisme

tive » ? La confusion des mots prépare la confusion des esprits. Il y a un danger à glisser sur cette pente qui, pour le plaisir d'un effet d'annonce, et pour donner dans l'instant l'impression qu'on en fait davantage, prépare le plus grand malheur de tous.

Dans le discours du gouvernement, le glissement est patent. Réinventer les « bourses de service public » pour aider à financer les études des élèves les plus méritants est une idée digne d'éloges, à condition de ne pas la réserver aux seules ZEP (zones d'éducation prioritaire). En revanche, proposer des « règles différenciées » pour le recrutement de la fonction publique, conduisant à la mise en place de concours spécifiques pour « les zones urbaines et les régions industrielles les plus sensibles », doit appeler la condamnation la plus ferme.

Quel serait le fondement de cette discrimination prétendument « positive » ? Combien de temps faudra-t-il avoir vécu dans une banlieue pour bénéficier du quota ou du concours réservé ? Vingt ans ? Dix ans ? Un an ? Comment délimitera-t-on la « zone urbaine sensible » ? Pourquoi la banlieue et pas la campagne ? On peut multiplier les questions du même genre. Un tel système serait insensé dans sa mise en œuvre pratique. Mais surtout, il présenterait de graves inconvénients de principe.

D'abord, il contredirait les valeurs fondamentales sur lesquelles reposent nos institutions et notre pacte social : l'égalité des citoyens, l'ouverture des dignités, places et emplois publics en fonction des seules capacités, la subordination des distinctions sociales à l'utilité commune. Violer ces valeurs en faveur d'une certaine partie de la population donnerait aux non-bénéficiaires le sentiment d'une discrimination négative à leur égard. Les conséquences psychologiques seraient incalculables.

En second lieu, cette discrimination dite « positive », qui admet l'occupation des emplois par des personnes moins capables, conduit, si elle est appliquée à grande échelle, à une société cloisonnée et à une économie moins efficace. Certes, on a mis en place des dérogations précieuses, par exemple en faveur des handicapés, grâce à la richesse aujourd'hui acquise par notre pays. Mais on ne peut pas tolérer des violations généralisées des principes mêmes qui ont produit cette richesse. Sinon, la prospérité elle-même finira par s'évanouir.

Enfin, ces nouveaux critères, définis selon la seule appréciation politique du moment, ouvriraient la voie à l'arbitraire. Les citoyens perdraient confiance en la neutralité de l'État, et le rideau tomberait sur la société politique de liberté. On passerait d'une société de *droits* à une société de *passe-droits*.

Pourtant, nous dit-on encore, pour les banlieues nous avons essayé tous les remèdes classiques et aucun n'a cautérisé la plaie. Pourquoi ne pas tenter quelque chose d'inédit ? Cet argument est fallacieux. On ne peut pas proclamer si vite la faillite du système républicain, fondé sur l'égalité des droits, l'assimilation à la société d'accueil, la nécessité de l'effort et de la conversion de l'immigré aux règles du pays où il arrive. Les autres systèmes – communautarisme ou tolérance illimitée – sont en faillite là où ils ont été appliqués. Et surtout, l'assimilation républicaine n'est plus mise en œuvre depuis longtemps ! Le nouveau modèle trentenaire, c'est le « laisser-faire, laissez-passer ». On a sous les yeux les résultats.

Il faut maintenant changer de système, mais certainement pas pour s'engager dans cette impasse. Au contraire, il faut remettre en honneur les principes d'allégeance aux lois de la France, sans lesquels il n'y aura aucune issue pacifique, ni pour les immigrés ni pour la société française. Ces principes sont contraires au communautarisme de Nicolas Sarkozy sous les trois formes qu'il propose : la discrimination positive nous ferait passer d'une société des compétences à une société des *origines*, le financement public des mosquées par les contribuables ferait glisser la France dans la théocratie de l'impôt, et le droit de vote des étrangers briserait le principe de citoyenneté et donc d'unité.

Il faut être naïf ou cynique pour ne pas voir que, de l'extérieur, il y a des forces qui ont d'ores et déjà désigné notre pays comme un espace de conquête : tout doit être mis à profit pour nourrir le doute de la France sur elle-même.

Les premières victimes ? Ce seront tous ces musulmans silencieux qui ont choisi de respecter les lois et les traditions de la France.

VI

LA « GUERRE SAINTE » ARRIVE CHEZ NOUS

La France n'est pas seule au monde. Les migrations planétaires préparent un nouvel équilibre des pôles de puissance, avec son cortège de drames et d'ambitions qui ouvre des chemins inattendus à l'histoire des continents.

Or le laxisme en vigueur laisse entrer chez nous un nombre croissant de familles déracinées, qui ne gardent avec leur terre d'origine qu'une seule attache, l'islam, à la fois religion, mode de vie et règlement de société. Une fois que ces familles sont installées, le communautarisme prend le relais et favorise sur notre sol la greffe d'une civilisation qui n'est pas la nôtre.

Ainsi s'organise inexorablement, dans la quête géographique des voisinages affinitaires, la juxtaposition d'enclos ethnico-religieux.

Cette grande dissidence territoriale est ensuite fécondée, de l'extérieur, par les paraboles accrochées aux fenêtres des immeubles : l'islam parle à l'islam ; ce monde adresse son message à sa diaspora. L'expatrié se tourne chaque jour davantage vers la mère patrie, l'*Oumma*, qui, selon la parole du Coran, est et demeure « la meilleure des communautés qui ait été donnée aux hommes ».

La « guerre sainte » arrive chez nous

Or il se trouve que l'*Oumma* – la nation musulmane universelle – est aujourd'hui travaillée par un processus révolutionnaire de grande ampleur, sous la pression duquel nous allons vivre dans les décennies à venir.

Il est urgent de comprendre comment cette transformation, hors de chez nous, va influer sur nos enclaves islamiques.

Ce qui est en train de se produire à l'échelle planétaire est d'une importance capitale : le pèlerin devient militant, la flamme de la foi devient un brandon idéologique. L'islam se laisse infiltrer par l'islamisme qui se mue en *nouvel internationalisme* du tiers-monde. Nous sommes là au cœur d'une séquence historique nouvelle, à la veille de secousses majeures, qui seront ressenties jusque dans nos villages lorsque la tectonique des plaques bousculera l'Europe tout entière.

Seul un retour en arrière permet de saisir le puissant ressort de ce phénomène de transmutation planétaire.

Cette évolution est d'autant plus paradoxale que le monde musulman s'affiche encore aujourd'hui dans sa grande diversité. Diversité puisée aux sources de l'histoire des pays musulmans. L'islam a d'abord été le drapeau de l'affirmation du monde arabe, puis il s'est étendu à de nombreux peuples, comme les Turcs, les Perses, les Javanais, les Malais, les ethnies de l'Inde ou d'Afrique noire, dont les cultures et les langues étaient étrangères à la souche arabe, lorsque, au début du VIIe siècle, Mahomet commença sa prédication. L'unité impériale arabe, un instant réalisée, de

La « guerre sainte » arrive chez nous

la France à la Chine, par les successeurs du Prophète, allait bientôt se fragmenter.

Certes, durant des siècles, avant et après l'an mille, de nombreux peuples musulmans cherchèrent à réunifier cette religion, autour des califats ou des sultanats sur lesquels ils s'efforcèrent de conserver la prééminence, à travers les empires omeyyade, abbasside, seldjoukide, fatimide, ottoman... Mais ils n'y parvinrent jamais, même si l'ensemble dominé par les Turcs réussit à fédérer du XVIe au XIXe siècle, au moins spirituellement, la quasi-totalité de l'islam sunnite orthodoxe, à l'exception notable de l'Empire chérifien, le Maroc d'aujourd'hui. L'islam ne fut réellement uni que sous Mahomet et les quatre premiers califes qui lui succédèrent.

Le monde musulman contemporain, loin de constituer un pouvoir politique réunifié, présente donc un ensemble complexe d'acteurs – États, mouvements rebelles au sein des États, réseaux transnationaux – qui interagissent avec le reste du monde, plus souvent suivant des critères d'intérêt que de religion. L'Iran, par exemple, bien qu'il vive sous le régime d'une république islamique chiite, s'entend mieux avec l'Arménie chrétienne et la Russie orthodoxe qu'avec l'Azerbaïdjan chiite. Le Maroc entretient de meilleures relations avec la France, ex-puissance de tutelle appartenant au monde chrétien, qu'avec son voisin algérien pourtant musulman sunnite comme lui. Il faut toutefois rappeler que les dissensions internes entre mahométans, par exemple durant la conquête de l'Ibérie, ne les ont jamais empêchés de s'unir efficacement contre les Infidèles. Dès qu'une menace

La « guerre sainte » arrive chez nous

extérieure non musulmane se fait sentir, la réaction immédiate de l'*Oumma* est de faire front, de former le carré contre le danger venu d'ailleurs.

D'une manière générale, les relations entre États musulmans sont davantage caractérisées par l'affrontement multiséculaire entre des pays qui défendent des intérêts stratégiques et économiques différents que par la solidarité islamique. Et puis il y a le kaléidoscope des cultures. Chaque peuple entend garder les anciens parapets de l'histoire abritant de très vieilles querelles, supportant de hautes valeurs distinctives, entretenant les vieilles fractures ; à la fracturation politique du monde musulman s'ajoute une fracturation théologique : chiites contre sunnites, et, à l'intérieur du monde sunnite, plusieurs écoles juridiques dessinent et génèrent des pratiques de l'islam variées d'une aire géographique à une autre, de telle sorte d'ailleurs que de la nature du terreau religieux dépend la nature des idéologies politiques qui y prennent pied. On n'imagine pas, par exemple, l'idéologie nationaliste arabe, à tendance laïcisante, prendre souche sur un terrain wahhabite rigoriste. Il y a donc une géographie politique et culturelle de l'islam qui, à bien des égards, va à l'encontre du lieu commun d'un *bloc musulman* qui s'agrégerait peu à peu.

Pourtant, on devine que l'*idée unitaire* est en train de gagner du terrain dans le monde musulman. L'islamisme, fondé précisément sur un rêve cosmique d'unification, avance à grands pas. Ceux qui s'en réclament refusent à l'islam son histoire, c'est-à-dire le fait qu'il se soit parcellisé politiquement et théologiquement à mesure que le temps passait. Ils entendent effacer les siècles et transporter l'islam en arrière, le faire revenir à son « âge d'or », celui du VIe siècle, où

La « guerre sainte » arrive chez nous

il était « pur et uni », avant que les peuples, leurs traditions, leurs intérêts, leurs frontières ancestrales, n'adaptent le message universel de la Parole du Prophète aux mentalités et conditions locales. Ils entendent ramener le monde musulman dans le chemin unique du Coran.

Ainsi donc, à mesure que l'islamisme gagne du terrain dans l'islam, la carte de la géographie musulmane se modifie et ses points de contact avec les autres civilisations s'embrasent : Afrique, Caucase, Asie centrale, Maghreb, Proche-Orient, sous-continent indien, Asie du Sud-Est, jusqu'aux sols américain et européen... Rares sont les territoires qui échappent à l'affirmation de ce qu'il faut bien appeler la nouvelle idéologie unitaire et tiers-mondiste.

Souvenons-nous de la guerre froide et de l'Empire soviétique : à l'époque, c'est-à-dire avant 1989, le communisme était le ciment transnational de tous les mouvements identitaires qui s'opposaient à l'Occident. Puis survint un événement majeur : l'URSS envahit l'Afghanistan. Ainsi agressé par le communisme, l'islam sunnite s'alliait donc à l'Amérique pour résister. Au même moment, l'islam chiite iranien venait attester qu'une voie révolutionnaire anti-occidentale était possible en dehors du socialisme. C'est à ce moment-là que le communisme, par coïncidence, s'effondra. Deux ans plus tard seulement, l'islamisme sunnite se retournait contre les États-Unis.

Depuis ce retournement historique, nous sommes entrés dans l'ère d'un islamisme sunnite aussi mondial que radical... L'ère d'une nouvelle idéologie de contestation de l'impérialisme « croisé et juif », améri-

La « guerre sainte » arrive chez nous

cain et israélien au Proche-Orient ou russe en Asie centrale et dans le Caucase. Dès lors, il se passe dans le monde musulman ce qui se passait, durant la guerre froide, dans l'ensemble des pays du tiers-monde : une logique globale simplificatrice récupère et instrumentalise tous les abcès locaux. Du moment qu'ils sont musulmans, les séparatistes, en Tchétchénie, au Kosovo ou aux Philippines, et les nationalistes en Palestine, intègrent la « cause supérieure » de la révolution islamique mondiale. La complémentarité entre le « local » et le « global » accélère la fusion. Qui, en effet, peut apporter à ces réseaux internationaux, grouillant de militants déracinés et apatrides, issus d'une immigration ratée en Occident, un meilleur appui de terrain qu'une guérilla locale ? Inversement, alors que, faute de parrainage soviétique, la plupart des mouvements de libération nationale sont en perte de vitesse depuis la fin de la guerre froide, qui mieux que cette nouvelle internationale peut donner à ceux-ci un second souffle, à la fois révolutionnaire et financier ?

À côté d'un altermondialisme qui reste stérile, du fait qu'il est privé de moteur de puissance pour le soutenir, l'islamisme apparaît bel et bien comme le seul véritable internationalisme révolutionnaire capable de porter des coups à « l'ennemi israélo-américain ». Cherchant à recycler les anciennes postures sémantiques de la guerre froide, la phraséologie américaine a tôt fait de réintégrer l'ancienne grille de lecture du temps des Blocs, avec cette nouvelle forme de bipolarité entre un nouveau « monde libre », celui de la démocratie à l'occidentale, et un nouvel « empire du Mal », le « terrorisme international » et l'« axe du Mal » qui le soutiendrait. Cette division du monde à

La « guerre sainte » arrive chez nous

l'américaine n'est pas seulement une construction idéologique. Elle revisite une constante de l'histoire : l'impossible fusion entre l'islam et le christianisme, leur confrontation multiséculaire.

Il est vrai que, durant des siècles, une mouvance chrétienne a affronté une mouvance islamique, chacune de ces deux mouvances ne représentant d'ailleurs chaque fois qu'une partie seulement de l'Occident chrétien et de l'Orient musulman. Des deux côtés, il y eut une volonté constante de s'emparer de l'empire du monde au nom de la Vérité unique. Chrétienté et islam ont toujours été des idées-forces, des instruments de mobilisation avec lesquels les États ont pu jouer pour former des coalitions et défendre leurs intérêts. Au-delà de la compétition des États et de l'instrumentalisation du religieux par leur diplomatie, la continuité du face-à-face ne fait aucun doute. Nous avons grandi dans l'écho assourdi des confrontations titanesques, de Poitiers (732) à Navarin (1827), en passant par la chute spectaculaire de Constantinople (1453) et les victoires légendaires de Lépante (1571) et Vienne (1683). Une telle profondeur historique ne peut être évacuée, sous le prétexte de l'intégration en Europe des immigrés musulmans ou de l'entrée de la Turquie dans l'Union européenne.

L'islamisme conquérant qui s'érige en une nouvelle idéologie révolutionnaire anti-occidentale, le retour dans les têtes de l'ancestrale confrontation, tels semblent être les chemins qu'emprunte l'Histoire.

Comment en est-on arrivé là ? Deux raisons majeures se sont conjuguées. La première raison tient à l'histoire de cette religion. La mutation qu'elle traverse est

La « guerre sainte » arrive chez nous

contenue dans son patrimoine génétique, c'est-à-dire dans sa doctrine. En ce sens, l'islamisme est le produit de l'islam.

Dans cette longue tradition, deux aires géographiques sont à distinguer : la *Maison de l'islam* et le *Monde des Infidèles*. Soit encore, la géographie de la Vérité et la géographie de l'Erreur. Tant que la Vérité n'aura pas triomphé de l'Erreur, les deux univers seront en guerre. C'est la raison pour laquelle la tradition islamique qualifie ainsi le monde des Infidèles : la *Maison de la Guerre*. Il est alors loisible de déduire de cette vision la double ambition portée en filigrane par la Tradition mahométane : consolider la géographie soumise (islam signifie soumission) et élargir au reste de la Terre cette soumission à Allah.

Le Coran contient un certain nombre de références portant sur la nécessité de mener un combat chez les Infidèles d'une part, à l'intérieur de soi d'autre part. La « guerre sainte », le djihad, ou guerre légale est bien une obligation pour l'ensemble de la communauté musulmane au moins jusqu'au moment où, à défaut d'être convertis, les Infidèles se verront obligés de payer un impôt spécifique, les transformant ainsi en tributaires de l'islam. Un bon musulman doit se conformer à l'obligation de « guerre sainte », aussi bien à l'intérieur de lui-même qu'à l'extérieur, en portant le glaive contre les Infidèles. Un bon gouvernement est celui qui d'une part dans la « Maison de l'islam » aide le musulman à être un bon musulman et qui d'autre part contribue à élargir ses limites.

La doctrine affirme donc très clairement que l'action armée visant au triomphe de la Vérité est obligatoire. Avec les États non musulmans, seules des trêves temporaires, plus ou moins longues, sont possibles ;

La « guerre sainte » arrive chez nous

en aucun cas, les traités de paix ne peuvent être définitifs. Le droit international classique, conçu par les nations chrétiennes et repris par la civilisation occidentale moderne, est donc illégitime au regard de la Tradition islamique, comme le sont les gouvernements musulmans impies qui s'y conforment, abandonnant tout effort d'expansion. Autrement dit, la doctrine contient potentiellement la guerre contre nous. Si les extrémistes du Coran sont forts, c'est d'abord parce que personne n'est en mesure d'établir clairement que ce qu'ils disent et font est contraire à l'islam. Preuve en est qu'aucune autorité, au-delà de la condamnation médiatique, ne les a jamais exclus formellement de l'*Oumma*, de la communauté mondiale des croyants musulmans.

Autre raison de cette incroyable expansion : l'entropie du temporel. Les fondamentalistes sont d'autant plus forts que ceux qui tiennent légalement le pouvoir temporel ont une légitimité fragile. Chez eux, où presque rien n'a été « rendu à César », le pouvoir temporel doit apporter la preuve quotidienne qu'il agit conformément à la Tradition. S'il ne le fait pas, les *hadiths*, c'est-à-dire les « recommandations » du prophète Mahomet, et les versets du Coran sont là, très nombreux, pour autoriser la révolte contre le souverain et son assassinat. L'insurgé, le « juste », devient l'ombre de Dieu sur terre, ainsi encouragé dans l'entreprise d'élimination du prince impie. Car Mahomet, à la différence de Jésus-Christ, était un chef à la fois religieux et politique. Or il est mort sans laisser de fils. Il a donc donné à l'Orient une légitimité *religieuse*, mais il n'a pas légué de légitimité *politique*.

Dans un monde où la légitimité politique est ainsi génétiquement, structurellement faible, pour peu

La « guerre sainte » arrive chez nous

que, par ailleurs, les dirigeants soient jugés incapables de développer économiquement leur pays, de se débarrasser de la corruption ou encore qu'ils apparaissent comme des marionnettes entre les mains de l'Occident, alors l'islamisme s'impose comme une porte de salut. Or, malgré l'action de certains dirigeants modernistes, le monde arabe n'a pas été en mesure de rejoindre la croissance du monde développé. Il est resté à l'écart des Trente Glorieuses. L'immense frustration qui en est résultée s'est traduite par ce phénomène révolutionnaire.

Le développement de cette offensive résulte également de l'instrumentalisation qui a été faite de la religion par de nombreux États musulmans. Pour se débarrasser des opposants les plus radicaux chez eux, ou pour déstabiliser leurs voisins, ces États n'ont pas hésité à financer, former et armer des combattants du djihad qu'ils ont envoyés se battre sur tous les fronts ou commettre des attentats dans des capitales voisines. L'Arabie Saoudite et le Pakistan, forts du soutien américain à l'époque de la menace soviétique, portent une lourde responsabilité dans le développement de mouvements radicaux partout dans le monde. L'Iran de la révolution islamique chiite a contribué, pour asseoir sa propre influence, à la radicalisation des communautés chiites libanaise et irakienne. Le Soudan, l'Arabie ou la Libye n'ont pas hésité à soutenir des mouvements subversifs en Afrique subsaharienne. Même des régimes nationalistes arabes à tendance laïcisante à l'intérieur, comme la Syrie et l'Irak baassistes, ont manipulé l'islamisme contre leurs adversaires, en même temps qu'ils réprimaient cette mouvance chez eux.

Les États du monde musulman portent donc, collec-

La « guerre sainte » arrive chez nous

tivement, une part de responsabilité dans l'essor de l'islamisme car ils se sont employés à détourner l'énergie radicale de l'islam de la critique interne de leurs propres fautes vers leurs adversaires musulmans ou occidentaux.

Et puis, il y a cet élément clé mis en exergue par Aymeric Chauprade : « Le grand malheur de l'islam, c'est aussi que les versions les plus rigoristes et jihadiques de l'islam sunnite se trouvent dans le cœur pétrolier du monde [1]. » Certes, l'islam est divers et varié. Mais l'une de ses formes les plus extrémistes, le wahhabisme, est aussi l'une des plus riches grâce au pétrole de l'Arabie Saoudite et à la gestion des Lieux saints, La Mecque et Médine. En d'autres termes, contrairement aux autres civilisations, en islam, l'intégriste est riche.

L'islamisme est donc d'abord un produit de l'islam, de son contenu, de ses échecs, de son lien avec l'économie rentière du pétrole. Il en découle que les *confiteor* à l'européenne sont mortifères et inutiles, sans aucune influence sur la nouvelle idéologie.

Pourtant, si le phénomène s'étend si vite depuis la fin de la guerre froide, c'est aussi parce qu'il est le produit de ce que les puissances occidentales ont fait à l'intérieur du monde musulman.

Les États-Unis ont, pendant longtemps, joué les apprentis sorciers en soutenant activement les mouvements religieux radicaux, soit pour faire obstacle à l'influence soviétique, comme en Afghanistan, soit

---

[1]. Aymeric Chauprade, *Géopolitique, constantes et changements dans l'histoire,* Ellipses, 1998.

La « *guerre sainte* » arrive chez nous

pour gêner l'action de la France, en accueillant avec complaisance sur leur sol les islamistes algériens.

Enfin, en donnant en 2003 le coup de grâce à l'Irak baassiste, les États-Unis ont créé un abcès de fixation et un foyer de développement de l'islamisme sur les décombres d'un État arabe fondé sur le rejet de cette idéologie.

D'une manière générale, les tentatives d'instrumentalisation de cette religion par les puissances occidentales ne leur ont jamais vraiment réussi. Pour faciliter son débarquement en Égypte en 1798, Bonaparte avait cru utile de proclamer à l'adresse des musulmans que la Révolution française était leur amie... et l'ennemie du christianisme. Malte, bastion chrétien sur la route de l'Égypte, en fit les frais. À la fin du XIXe siècle, l'Allemagne impériale, aidée de ses alliés turcs, chercha quant à elle à faire croire aux musulmans d'Inde, dont elle souhaitait le soulèvement contre l'Angleterre, que Guillaume II s'était secrètement converti à l'islam... Ce fut un fiasco.

En réalité, cette religion cultive son amertume à l'égard de l'Amérique et regarde avec effarement cette Europe informe qui renie ses racines, son patrimoine, sa civilisation.

L'islam s'éloigne de l'Amérique car il la trouve injuste, mais il s'éloigne aussi de l'Europe car il la trouve immorale. L'athéisme d'État, la promotion de l'homoparentalité, l'individualisme forcené, le narcissisme, le discours postmoral et l'irréligion ambiante inspirent aux musulmans un sentiment d'incompréhension et de dégoût profonds. Les musulmans n'ont pas du tout envie de se défaire de leur identité pour

La « guerre sainte » arrive chez nous

devenir des « Européens » car ils n'ont pas du tout envie de nous ressembler. En réalité, ce que nous ne voulons pas voir, c'est que notre vieille Europe ne suscite plus assez de crainte pour contenir et décourager les islamistes qui veulent l'assaillir et n'inspire plus assez de respect pour que les musulmans manifestent le désir de s'y assimiler. Nos États-providence distribuent mais n'assimilent plus. Il faut regarder les télévisions arabes et musulmanes pour le comprendre. On s'y déchaîne autant contre l'impérialisme américain que contre le laïcisme français qualifié d'« idéologie athée », ou contre la dérive généralisée des mœurs en Occident. Dans ces conditions, la résurgence du voile doit être comprise non seulement comme un incontestable symptôme de réveil géopolitique mais aussi comme un signal de résistance morale. Autrement dit, l'islam se sent autant agressé par les Marines américains que par l'affaissement mental européen et sa décomposition morale revendiquée. Qui plus est, le fait que dix hommes ceinturés d'explosifs aient pu, par leur capacité de sacrifice, changer, d'un coup d'un seul, gouvernement et politique étrangère de l'Espagne, la seule nation européenne avec le Portugal qui se soit rechristianisée après avoir été durablement envahie par l'islam (la Reconquista), est perçu dans le monde musulman comme la marque d'une réelle fatigue de l'Europe.

Nous sommes en 2006. Dans trente ans, la rive nord des pays chrétiens de la Méditerranée n'aura gagné que six millions d'habitants. Dans le même temps, la rive sud des pays musulmans en aura gagné cent. Il y aura alors, face à face, trois cent quarante millions de

La « guerre sainte » arrive chez nous

jeunes musulmans autour de la Méditerranée et seulement cent soixante-dix millions de vieux Européens. D'ici là, l'islam doit avoir appris à respecter l'Europe et n'avoir d'autre objectif qu'une coexistence pacifique. Sinon que se passera-t-il ?

Début décembre 2005, les représentants des cinquante-sept pays de l'Organisation de la Conférence islamique mondiale se sont réunis en Arabie Saoudite, à l'invitation du roi Abdallah, pour renforcer la cohésion du monde islamique.

Un plan pour dix ans, concocté par un groupe international de religieux et d'intellectuels réunis en août 2005 à La Mecque, leur a été présenté. Il comporte diverses recommandations pour renforcer l'unité et contient des articles précis sur le droit des minorités musulmanes dans les pays non membres de l'OCI. Une action spécifique de soutien aux musulmans d'Europe est prévue. Notamment des soutiens juridiques. L'Arabie Saoudite entend reprendre la direction d'un ensemble jusqu'alors assez flou, de manière à en faire un véritable appareil diplomatique et un groupe de pression international.

Il n'y a qu'en France que l'esprit public s'abandonne, hors de tout débat, au ravissement et à la torpeur de l'inconscience civique et de l'ignorance géopolitique. Chez nous, personne n'ose nous dire que la littérature mondiale fait de l'islamisme un sujet central. Les deux premiers best-sellers à Moscou et à Ankara se rapportent à la « grande conquête » : l'écrivain russe Elena Choudinova remporte un succès énorme en Russie, avec son roman intitulé *La Mosquée Notre-Dame de Paris* ; l'histoire se déroule en 2040, sur

La « guerre sainte » arrive chez nous

un continent appelé Eurabia. Par le biais de l'immigration et du différentiel de natalité, l'islam remporte démocratiquement le pouvoir. Et puis vient le moment où les lois républicaines sont remplacées par la charia ; les derniers chrétiens vivent dans des ghettos où la résistance s'organise[1]... Les Russes dévorent ce roman, dont les ventes explosent. À Istanbul et dans toute l'Anatolie, le romancier Burak Turna vient de publier un « roman militaire-fiction » qui enflamme à la fois les nostalgiques d'Atatürk et les islamistes d'Erdogan. Les ventes de ce livre explosent : quatre cent mille exemplaires vendus en quelques jours. Son titre est évocateur : *Tempête de métal 2* ; il raconte comment l'armée turque débarque sur le continent européen pour défendre ses ressortissants. Berlin est pris et Paris est envahi.

Ces romans ne parlent ni de Clichy, ni de La Courneuve, ni même de nos banlieues. Leurs auteurs à succès gardent cette matière précieuse pour les tomes suivants. La France fait vendre. La « France d'après ».

---

[1]. Ajoutons toutefois que, dès 1990, l'écrivain français Nicolas Saudray (pseudonyme de l'énarque Patrice Cahart) mit en scène dans *Voyage au pays des Frogs* (Desclée de Brouwer) les derniers catholiques parisiens qui, fuyant en 2050 l'hégémonie islamique environnante, se regroupent au Sacré-Cœur de Montmartre où ils sont ravitaillés à l'aide d'hélicoptères par d'autres chrétiens...

VII

L'EUROPE ISLAMISÉE

Les experts se surveillent entre eux et guettent la nouvelle édition de leurs synthèses annuelles. C'est ainsi que, chaque année, est publié le *Dictionnaire islamique*. Préparé et rédigé par des spécialistes du Proche-Orient, publié en Égypte, il présente le monde vu depuis les terres d'islam. Sa grille de lecture décline les trois stades de l'islamisation du monde. Le *Dahr el-Sohl* ou « Espace de la Trêve » : les territoires non encore conquis, ceux des Infidèles, mais où une coexistence est temporairement possible avec eux, en attendant d'être assez forts pour pouvoir les soumettre. C'est le cas de la France aujourd'hui, aux yeux de nombre de musulmans d'ailleurs pas forcément extrémistes mais simplement attentifs à la doctrine politico-religieuse immuable, depuis près de quinze siècles, de leur confession. Le *Dahr el-Harb* : les territoires encore complètement dominés par les Infidèles et où l'islam est en guerre ouverte avec eux : Palestine, Tchétchénie, Cachemire « indien », certaines îles des Philippines, le sud de la Thaïlande, etc. Le *Dahr el-Islam* : le territoire de la nouvelle religion dominante où celle-ci fait régner sa loi sans rivale et où la dhimmitude est en vigueur, *de facto* ou *de jure*, pour chrétiens et israé-

L'Europe islamisée

lites, les autres confessions du monde étant bannies. Or un fait nouveau vient d'apparaître : trois pays européens ont changé de catégorie et sont désormais placés dans le *Dahr el-Harb* : le Royaume-Uni, la Belgique et la France.

Au même moment, dans sa célèbre revue *Air Force Magazine*, l'armée américaine décrit les bouleversements démographiques de l'Europe et annonce, sous le titre : « *A Crescent over Europe*[1] ? », le probable basculement de civilisation, avec un banc-titre spectaculaire : « Le changement démographique pourrait transformer le centre de la culture occidentale en un bastion islamique. »

Le journal allemand *Die Welt* a publié, à l'été 2005, un entretien choc avec Bernard Lewis, l'éminent professeur de l'université de Princeton, islamologue mondialement reconnu. Il prédit : « L'Europe deviendra une partie de l'Ouest arabe, du Maghreb. » Et de conclure : « L'Europe deviendra musulmane avant la fin de ce siècle, au plus tard. »

Quant au grand historien N. Ferguson, de l'université de New York, il résume ainsi la situation : « Tout l'ouest de l'Europe est entré dans une nouvelle ère de transformation démographique sans équivalent à l'époque moderne. »

Le 10 janvier 2006, le chef religieux des musulmans de Bosnie, le mufti Mustafa Ceric, a appelé l'Europe à s'ouvrir davantage à l'islam, en ajoutant, sous forme d'avertissement : « L'Europe n'a pas d'autre choix... » Ce propos comminatoire balise ainsi le chemin qu'on lui propose avec une insistance menaçante.

L'Europe est entrée dans le vieillissement plus tôt

---

1. « Un croissant sur l'Europe ? »

que le reste du monde. Dans l'Union à quinze, avant l'élargissement, les vieux sont deux fois plus nombreux que les jeunes et certains pays comme l'Allemagne et l'Italie sont proches de la proportion de deux « seniors » pour un jeune. Le vieillissement accélère le déclin démographique de l'Europe : en valeur relative d'abord, puisque, si les Européens représentaient à eux seuls le quart de la population mondiale en 1900, ils n'en représentent plus, aujourd'hui, que 10 % ; en valeur absolue ensuite : l'Europe est la seule région du monde dont les effectifs vont diminuer durant le premier tiers de ce siècle. L'évolution de deux grands peuples européens qui se sont massacrés mutuellement à Stalingrad illustre d'ailleurs ce déclin général : dans vingt-cinq ans, le peuple allemand aura fondu de dix millions d'habitants et le peuple russe (avec deux avortements pour une naissance) de quinze millions. Sur les vingt-cinq pays de l'Union élargie, dix-sept (dont ceux d'Europe centrale) connaissent des excédents de décès par rapport aux naissances. Avec ses quelque trois cent quatre-vingts millions d'habitants, l'Union européenne des quinze pays d'avant l'élargissement de 2004 n'avait pas plus de naissances que les États-Unis avec leurs deux cent quatre-vingt-quinze millions de citoyens[1] !

Ce phénomène traduit l'effondrement de la volonté de puissance des Européens : évanescence de l'idée de « civilisation européenne », refus de revendiquer ses héritages, appel au remords permanent sur l'histoire de l'Occident, diffusion d'une culture nihiliste...

---

1. Aymeric Chauprade, *L'Immigration extra-européenne, un défi pour l'Union européenne*, et Maxime Tandonnet, *Le Défi de l'immigration*, F.-X. de Guibert, 2004.

L'Europe islamisée

Parallèlement au recul de son substrat culturel, l'Union européenne connaît, depuis le dernier tiers du xxe siècle, un établissement en masse de populations d'origine extra-européenne. Des millions de migrants viennent compenser le dépeuplement européen. Selon l'OCDE, l'Europe est devenue la première région mondiale d'immigration, avec un million et demi d'entrées légales annuelles, contre un peu plus d'un million pour le Canada et les États-Unis additionnés.

Deux aires géographiques doivent cependant être distinguées au sein de l'Union : d'une part, la nouvelle Europe, celle de l'élargissement, qui se dépeuple à grande vitesse mais reste peu touchée, pour l'instant, par les flux migratoires extra-européens, même si son entrée dans le capitalisme mondialisé laisse deviner l'émergence d'une dynamique migratoire d'origine extra-européenne ; d'autre part, l'Europe occidentale, qui, hier, colonisa Afrique, Asie et Amériques, et qui, aujourd'hui, connaît un mouvement massif de contre-colonisation.

L'accroissement naturel de l'Union européenne, c'est-à-dire la soustraction des décès par rapport aux naissances, est seulement, pour quinze pays, de + 400 000, tandis que le solde migratoire annuel est de l'ordre de + 1,6 million de personnes. Autrement dit, l'immigration légale est quatre fois plus importante que l'accroissement naturel des citoyens européens (qui évidemment ne sont pas uniquement des Européens de souche). Si l'immigration progresse quatre fois plus vite que l'accroissement naturel, lequel comptabilise donc la natalité des immigrés arri-

L'Europe islamisée

vés les années précédentes, on peut alors en conclure aisément que la population européenne est en passe d'être remplacée, en un temps historique relativement court, par des populations non européennes.

La situation de la France est à l'aune de cette évolution. Selon l'Insee[1], 9 % de la population de la France métropolitaine est originaire du continent africain et d'Eurasie, notamment de Turquie. Or, à eux seuls, ces 9 % assurent 16 % des naissances en France, soit cent dix mille naissances. Le taux de fécondité des femmes d'origine immigrée en France est en effet supérieur à celui des femmes de souche européenne : 2,16 enfants par femme contre 1,7[2].

Une projection pour 2030 ouvre alors sur la perspective suivante : même en imaginant la mise en place d'une politique d'« immigration zéro », la France compterait, dans vingt-cinq ans, dix millions de résidents légaux d'origine extra-européenne, ce qui représenterait 15 % de la population et 30 % des naissances. Autrement dit, un tiers de la « future France » sera bientôt d'origine extra-européenne. « Une politique d'"immigration zéro" décidée aujourd'hui ne suffirait donc pas à empêcher la population française de souche européenne d'être minoritaire au début du XXIIe siècle[3]. » Or nous sommes très loin de la politique d'« immigration zéro », avec nos deux cent dix

---
1. Institut national de la statistique et des études économiques.
2. Étude du démographe Laurent Toulemon, dans *Le Figaro*, 14 avril 2004.
3. Aymeric Chauprade, dans *La Nouvelle Revue d'histoire*.

L'Europe islamisée

mille entrées annuelles – officielles ; quant aux autres, Allah seul en connaît sans doute le chiffre... – sur le territoire national. Les Français de souche européenne qui naissent aujourd'hui mourront dans une France au profil majoritairement africain et asiatique. Et tel est le sort promis à toute l'Europe occidentale, de l'Italie à la Belgique, en passant par le Royaume-Uni et l'Allemagne si un mouvement massif d'inversion des flux migratoires extra-européens n'est pas engagé rapidement. Il ne suffit pas d'arrêter l'immigration, il faut donc inverser les flux.

Dans l'avenir, la pression migratoire extra-européenne ne peut que s'accentuer. Le taux de départ annuel depuis le Maroc est déjà de 15 % des hommes valides, soit sept fois et demie la moyenne mondiale du taux d'émigration par État dans un pays où le taux de chômage des jeunes de quinze à trente ans atteint 60 %. Un sondage récent[1] a révélé que, sur six cents Marocains âgés de moins de trente ans, 82 % avaient pour seule ambition de partir s'installer en Europe. Au Mali ou au Bangladesh, l'immigration vers l'Europe constitue la principale source de revenu. Un sondage Gallup, effectué en Turquie le 25 novembre 2004, révélait que 44 % des Turcs envisageaient de déménager en Europe dès l'admission de leur pays dans l'Union européenne. Ce qui explique que le Premier ministre Erdogan ait été accueilli, après ses victoires diplomatiques en 2004 et 2005, à Ankara, comme le « conquérant de l'Europe ». Abdullah Gül, le ministre des Affaires étrangères turc, en a fait le

---

1. Afavic : Association des amis et familles des victimes de l'immigration clandestine, dans *La Nouvelle Revue d'histoire*, janvier-février 2006.

L'Europe islamisée

serment : « Si nous entrons dans l'Union européenne, nous ne fermerons pas les portes derrière nous. »

Or la population turcophone du Caucase sud et de l'Asie centrale est de cent millions d'individus qui viendraient ainsi s'ajouter aux soixante-dix millions de Turcs. La pression migratoire ne se résume donc pas au seul détroit de Gibraltar. La principale plate-forme d'immigration clandestine vers l'Union européenne est en effet la Turquie. Les autorités turques arrêtent chaque année cent mille illégaux venus du Proche-Orient et du reste de l'Asie. Un effort qui « contrebalance » leur propension à laisser partir la pauvreté turque vers l'Union. Quant à la Grèce, qui ne compte qu'une dizaine de millions d'habitants, elle a déjà refoulé, en moins de dix ans, plus de deux millions de clandestins, soit l'équivalent d'un cinquième de sa population.

Dans les décennies à venir, la pression migratoire va s'accentuer, réalisant la prophétie du roman de Jean Raspail, *Le Camp des saints*, publié en 1976. Or cette pression va s'amplifier à un moment où l'Union européenne prévoit, d'ici à 2015, d'étendre le périmètre de ses frontières, à la suite de l'intégration des pays balkaniques et de la Turquie, d'au moins douze mille kilomètres carrés de déserts, marécages, steppes et forêts.

On aura donc, « face à face », en Méditerranée, deux fois plus de populations extra-européennes que de populations européennes. Or ce réservoir démographique qui borde les rivages méditerranéens de l'Europe est caractérisé notamment par le plus fort taux d'émigration du monde. Alors que la moyenne mondiale des transhumances se situe à 2 % de la population (qui émigre chaque année), le taux de

L'Europe islamisée

départ moyen en Méditerranée est de 5 % de la population. C'est un taux supérieur à la « zone caraïbe » et à l'Asie. Traduisons cela en données quantitatives : depuis le début des années soixante, près de vingt millions de ressortissants des pays de la rive sud ont émigré non seulement vers l'Europe, mais aussi vers l'Amérique du Nord.

Cette propension actuelle de l'Afrique et du Proche-Orient à émigrer se trouvera accentuée par les risques géopolitiques qui pèsent sur la région méditerranéenne. Le premier risque majeur est celui de l'évolution des régimes du monde méditerranéen vers l'islamisme. Tous les régimes arabes pro-occidentaux ont aujourd'hui une légitimité fragile. De plus en plus d'Arabes, séduits par cette nouvelle orthodoxie, les accusent de trahison envers l'islam et de collusion avec l'axe « américano-sioniste ». La fragilité de ces régimes est rendue encore plus sensible par les sombres perspectives de changement climatique en Afrique du Nord : la chute annoncée de la pluviométrie et l'augmentation de la sécheresse dans les vingt prochaines années risquent de jeter des centaines de milliers de paysans miséreux sur les routes.

Le deuxième risque tient aux conséquences de la révolution économique mondiale causée par l'émergence de l'Asie et notamment de la Chine. Sous une pression croissante et pour rester compétitives, les économies européennes risquent de connaître un glissement vers l'économie souterraine. Déjà 10 % du PNB de l'Espagne et 30 % du PNB de l'Italie ou de la Grèce sont le « fruit » de l'économie parallèle. Les États européens, cédant au chantage de secteurs économiques lourds comme le bâtiment, l'agroalimentaire ou le textile, ferment de plus en plus les yeux sur la collusion du capital et de l'immigration clandestine.

Des secteurs entiers des économies européennes sont donc tentés de recourir à de l'emploi étranger, légal ou clandestin, dans la mesure où « l'immigré » est généralement considéré comme moins exigeant pour ses conditions de travail et son niveau de rémunération ; et pour cause, il n'a pas le choix ! Nous sommes là devant un phénomène d'aspiration de l'immigration légale et illégale par les entreprises, quand de nombreux acteurs de l'économie européenne considèrent que la mondialisation les contraint à utiliser tous les moyens pour rester compétitifs face au dynamisme américain et face aux défis chinois et indien. C'est ainsi que la mondialisation est invoquée par les grands patrons à la fois comme un problème et une solution.

Parmi les multiples effets du mondialisme, c'est-à-dire de la doctrine d'un « monde sans frontières », l'un d'entre eux passe inaperçu ; c'est le renforcement du poids des mafias transétatiques. La globalisation financière et la liberté des flux favorisent les structures illicites. Or l'un des secteurs les plus lucratifs de ces mafias est le « marché de l'immigration clandestine ». Plus la demande migratoire augmente, plus les mafias prospèrent ; et plus celles-ci s'organisent, plus elles sont en mesure de développer de nouvelles filières clandestines et donc de susciter l'offre. L'analyse des flux révèle le poids des réseaux albanais, yougoslave, chinois, russe... Le trafic d'êtres humains se combine d'ailleurs souvent avec le trafic de drogue car les clandestins se trouvent dans l'obligation, pour payer leur

L'Europe islamisée

passage, d'emprunter le statut de revendeurs ou de passeurs.

Mais les perspectives ne sauraient se limiter au constat d'un différentiel démographique béant entre rive nord et rive sud, à la pression asiatique sur les économies européennes qui favorise l'immigrationnisme, ou bien encore au risque de basculement dans l'islamisme des pays musulmans. Une autre question, souvent ignorée, a trait aux perspectives postpétrolières dans le golfe Arabo-Persique.

Aujourd'hui, le golfe Arabo-Persique, grâce à son économie pétrolière et gazière, absorbe une proportion importante de l'émigration asiatique, arabe et turque, qui aurait pu naturellement pérégriner jusqu'en Europe. Six pays du Golfe, dont la population arabe autochtone est relativement faible, jouent le rôle de stabilisateurs automatiques et retiennent à eux seuls plus de onze millions d'immigrés – pakistanais, indiens, philippins, égyptiens, turcs, maghrébins. Or ce sas d'amortissement fonctionnera tant que les hydrocarbures sortiront des puits proche-orientaux. Soit au maximum pendant quarante ans encore. Dans quatre décennies, le Golfe sera composé de populations arabo-asiatiques islamiques, fortes et jeunes, dont le revenu par habitant se sera écroulé, faute de perspective de remplacement de l'économie pétrolière, car les futures zones de production sont en Asie. Le wahhabisme sera toujours là, mais sans la rente. Le Golfe ne sera plus une zone tampon, permettant de fixer l'immigration entre l'Europe et l'Asie.

La perspective pour l'Europe apparaît désormais de manière claire : à la fin du XXIe siècle, les Européens

L'Europe islamisée

seront devenus minoritaires sur la partie européenne du continent eurasiatique. Comme l'Europe n'est pas les États-Unis, c'est-à-dire une nation fondée sur une idéologie puissante capable de fabriquer des Américains[1] à partir d'origines ethniques différentes, les pays européens ne seront pas en mesure d'assimiler à leur civilisation les populations extra-européennes. Les Européens n'ont donc qu'un seul choix, s'ils veulent éviter de donner à leurs enfants un avenir de minorités, semblable à celui des Blancs d'Afrique du Sud repliés sur leurs bantoustans blancs : repasser le film de l'immigration à l'envers et relancer la natalité européenne. Cela implique un changement profond des politiques menées jusqu'à présent en Europe par des générations politiques fatiguées. Déjà en 1980, le gaulliste Alexandre Sanguinetti apostrophait la classe politique : « Nos femmes ne se rendent pas compte que, si elles continuent à avoir peu d'enfants [...], elles serviront de captives aux vainqueurs[2]. »

Il faut instaurer dans notre pays, pour les familles françaises, le salaire parental, afin d'encourager le premier de tous les investissements d'une nation qui ne veut pas mourir.

Hélas, les élites mondialisées ne regardent pas le collapsus démographique de l'Europe comme un

---

1. Rien ne dit toutefois, aujourd'hui, que les États-Unis parviendraient à transformer des musulmans en vrais Américains, si des mahométans venaient à émigrer en très grand nombre aux États-Unis... Il convient de souligner que la majorité de l'immigration dite arabe aux Amériques (États-Unis, Brésil, Colombie, Argentine, Chili, etc.) est de confession chrétienne orientale.
2. *Paris Match*, 24 octobre 1989. Voir également Jean-Pierre Péroncel-Hugoz, *Le Radeau de Mahomet, op. cit.*, chap. II : « La grève sainte ».

drame, mais comme une chance. Une chance historique même pour donner corps à l'utopie du moment, le grand magma multiculturel. Bien que, partout dans le monde, ce fantasme ait porté les plus grands désastres, le discours dominant est désormais celui de la société plurielle et du changement de peuplement. On a beau constater que la société multiculturelle tourne rapidement à la société multiconflictuelle, le prix supposé de la régénérescence par le grand brassage des hommes est trop fort pour que l'expérience de l'échec soit reçue comme telle.

Nous sommes devant un consensus remarquablement décrit par Maxime Tandonnet : « La mondialisation, la libre circulation des marchandises et des capitaux doivent inéluctablement se traduire par un vaste mouvement de brassage des peuples. Pour les partisans du libre-échangisme mondial, les grandes migrations constituent un facteur de dynamisme grâce à l'apport de sang neuf et leur effet modérateur sur les salaires ; pour les défenseurs des droits de l'homme, la migration est une liberté fondamentale, un droit universel. Cette alliance objective entre deux courants de prime abord antagonistes tend à verrouiller le débat[1]. »

Cette nouvelle utopie a été vulgarisée, pour la première fois, par un rapport de la Division des populations de l'ONU, le 21 mars 2000, sous le titre évocateur « Les migrations de remplacement ». Ce document propose le remplacement d'une population par une autre. Un deuxième rapport de l'ONU,

---
1. Maxime Tandonnet, *Le Défi de l'immigration, op. cit.*

L'Europe islamisée

en date du 14 juillet 2004, va encore plus loin : « Les immigrants doivent pouvoir devenir des membres de plein droit de leur pays d'adoption... tout en conservant des liens, culturels, religieux, traditionnels, avec leur pays d'origine. »

La Commission européenne s'est empressée d'adopter elle aussi le dogme. Celui-ci ne repose pas seulement sur la supériorité de toute société plurielle, multiculturelle, fondée sur la diversité des origines, mais aussi sur l'occultation de la différence, qui porte le communautarisme comme la nuée porte l'orage. Le 6 octobre 2004, dans sa « Recommandation afin d'ouvrir la négociation sur l'entrée de la Turquie dans l'Europe », la Commission de Bruxelles affiche ses intentions : « La dynamique de la population turque pourrait contribuer à compenser le vieillissement des sociétés de l'Union européenne. »

Dans son « Livre vert » présenté le 11 janvier 2005, la Commission européenne a développé son « approche communautaire de la gestion des migrations économiques » avec cette déclaration centrale : « Des flux d'immigration plus soutenus pourraient être de plus en plus nécessaires pour couvrir les besoins du marché européen du travail et pour assurer la prospérité de l'Europe. » Elle a réitéré son objurgation à Noël 2005, en profitant du fait qu'elle a désormais les pleins pouvoirs en matière d'immigration [1].

La Commission va donc mettre en œuvre « un choix d'actions ambitieuses destiné à favoriser l'immigration économique légale ». C'est ce que Nicolas Sarkozy appelle « l'immigration choisie plutôt que subie ». En

---
1. Par application, à compter du 1er juin 2005, des traités d'Amsterdam et de Nice.

L'Europe islamisée

réalité, c'est l'idéologie mondialiste qui s'applique partout : la nation empêcherait les hommes de fraterniser. Toute frontière serait un obstacle à l'échange. Toute barrière protectrice serait une discrimination.

Et voilà comment s'organise, sous nos yeux impuissants, le chassé-croisé spectaculaire et d'une amplitude historique inouïe : stérilisation de masse au nord, immigration de masse au sud.

VIII

CE QUI NOUS ATTEND :
LA DHIMMITUDE

Lors des trop rares débats entre musulmans et non-musulmans, il est fréquent que des fidèles d'Allah et de son « messager », Mahomet, en viennent vite à leur *ultima ratio* en s'écriant : « L'islam est la religion de la tolérance ! Les musulmans n'ont jamais lancé de croisades et jamais persécuté les juifs. » Et les mahométans, ainsi que leurs relais occidentaux, les « musulmans de profession[1] », de citer abondamment « la protection accordée par l'islam à travers les siècles aux israélites et aux chrétiens ».

À y regarder de plus près, cette « protection » mériterait un autre nom. Annie Laurent[2], docteur d'État en sciences politiques et spécialiste du dialogue interreligieux, propose l'expression « protection-sujétion » et Anne-Marie Delcambre, docteur en civilisation islamique, propose la locution « protection-rançon ».

Cette fameuse « tolérance de l'islam » qu'on nous promet est le fondement du statut juridique, politique et social de la *dhimma*, c'est-à-dire la dhimmitude, dont

---

1. Jean-Pierre Péroncel-Hugoz, *Le Radeau de Mahomet, op. cit.*
2. Annie Laurent, *L'Europe malade de la Turquie*, F.-X. de Guibert, 2005.

Ce qui nous attend : la dhimmitude

« bénéficient » les *dhimmis*, c'est-à-dire, en terre musulmane, les chrétiens de toutes obédiences et les juifs.

En revanche, la *dhimma*, selon la doctrine et la pratique islamiques, inchangées depuis plus de quatorze siècles, n'est jamais accordée aux autres croyants ou incroyants, qu'ils soient hindouistes, bouddhistes, shintoïstes, animistes ou athées. Tous ceux-ci, lorsqu'ils tombent sous la coupe de l'islam, n'ont en principe, selon sa loi, qu'à choisir entre la conversion et « le sabre », c'est-à-dire la mort. C'est pour cela, en particulier, que l'Empire moghol, mahométan, a laissé aux Indes un souvenir aussi sanglant jusqu'à nos jours parmi les hindous.

Ali Jinnah, ce musulman raffiné qui fut l'un des « pères » du Pakistan (littéralement le « Pays des purs », par opposition aux hindous « impurs »...), avait coutume, vers 1940-50, de justifier le tragique partage de l'Empire des Indes par le fait que musulmans et hindous appartiennent à des systèmes de pensée et de vie incompatibles. Plus près de nous, en 2005, le monde entier a assisté impuissant aux égorgements répétés de moines bouddhistes dans le sud de la Thaïlande par les islamistes locaux qui considèrent les adeptes de Bouddha comme des « mécréants indignes de vivre »...

Cette distinction dans la « protection » entre non-musulmans *dhimmis* et non-musulmans *non dhimmis* s'étend également à d'autres domaines que la pratique religieuse, comme par exemple le mariage. Le « vrai croyant » mâle, le mahométan, peut ainsi épouser librement une *dhimmie*, mais pas une non-*dhimmie*, sauf si celle-ci passe à l'islam. La musulmane,

Ce qui nous attend : la dhimmitude

en revanche, ne peut en aucun cas épouser un *dhimmi*, *a fortiori* un non-*dhimmi*, à moins qu'ils ne se convertissent. Toute transgression de cet interdit est punie de mort effective ou de « mort civile » ; cette dernière sanction est appliquée, à notre époque, par exemple en Égypte, pays réputé ouvert et moderne...

En France, aujourd'hui, des jeunes chrétiennes ou juives se mariant avec des musulmans ont le droit de conserver leur foi native et de la pratiquer ; mais leurs enfants sont automatiquement mahométans et leur sont enlevés, « afin d'être élevés dans la vraie foi », en cas de répudiation ou de divorce. D'où les cas d'enlèvements d'enfants de couples mixtes par le père musulman, pour les soustraire à la mère, jugée trop influente. La *dhimmie*, en outre, en cas de veuvage, ne perçoit aucune part de l'héritage marital. Tout est fait, donc, pour que celle-ci s'islamise religieusement, et c'est généralement ce qui finit par advenir. Les *dhimmis*, selon l'islam, vont automatiquement en enfer, quels que soient leurs mérites ! Nous connaissons des mères chrétiennes qui ont fini par passer à l'islam car elles ne supportaient plus d'entendre leurs enfants musulmans répéter : « Tu seras chez le Diable alors que nous serons au Paradis d'Allah avec papa »...

Selon le Coran, Allah est impitoyable, le jour du Jugement, envers tous ceux qui ne sont pas musulmans. De très nombreux versets indiquent qu'un châtiment redoutable, terrible, avilissant, ignominieux, attend, dans la géhenne, les incrédules et les impies ; tous ceux qui refusent le Coran seront les hôtes du Feu, du Brasier et de la Fournaise.

La sourate V, 33 est relativement précise : « La

Ce qui nous attend : la dhimmitude

récompense de ceux qui font la guerre contre Allah et son messager, et qui s'efforcent de semer la corruption sur la terre, c'est qu'ils soient tués ou crucifiés, ou que soient coupées leur main et leur jambe opposées, ou qu'ils soient expulsés du pays. Ce sera pour eux l'ignominie ici-bas, et dans l'au-delà, il y aura pour eux un énorme châtiment. »

Le statut de la dhimmitude établit une discrimination entre ceux qui croient et ceux qui ne croient pas. Cette séparation des êtres humains, arbitrée par la justice divine, qui trouve ainsi sa source dans l'ordre céleste, à partir d'un texte « incréé », fait songer inévitablement à la doctrine de l'apartheid en Afrique du Sud qui était justifié, selon ses partisans, au nom de la parole divine exprimée par la seule Bible. Aussi bien l'islam affiche-t-il sa revendication à l'exclusivité universelle de la tolérance...

La dhimmitude s'est donc imposée en terre d'islam, dès les premières heures de la conquête, comme un statut juridique, un statut d'infériorité pour des demi-citoyens minoritaires ; et voilà que la dhimmitude s'impose chez nous, depuis quelque temps, comme un statut psychologique, un statut d'infériorité morale pour des demi-pénitents en voyage de repentir, minoritaires dans leur tête, déjà courbés dans la posture de l'effacement. Prêts à tous les reniements. À commencer par celui de notre histoire, avec un nouveau partage des eaux : d'un côté, l'histoire de la tolérance, celle de l'islam, d'un autre côté, l'histoire de l'intolérance, celle des croisades et de la colonisation, la nôtre.

D'un côté, mille quatre cents années de fierté ; de

Ce qui nous attend : la dhimmitude

l'autre, deux mille ans de remords : on regrette, la tête dans les mains. On implore. Et surtout on oublie de rappeler toutes les évidences historiques ; par exemple, qu'il n'y eut de croisades que parce qu'il y avait eu, d'abord, un *djihad* (littéralement un « effort » pour propager l'islam), une conquête, une invasion de guerriers arabes, fraîchement coranisés dans la Péninsule arabique ; cette invasion s'organisa au détriment du bassin méditerranéen gréco-latino-chrétien, dont l'unité fut ainsi brisée et l'est restée jusqu'à nos jours.

Face à la culpabilité occidentale permanente, la bonne conscience de l'islam est restée intacte à travers sa longue histoire. Au point de départ, il n'y avait qu'un seul pays mahométan, l'Arabie, il y en eut bientôt vingt, trente, quarante, cinquante, soit la plus formidable entreprise de colonisation de tous les temps, une magnifique réussite politique et religieuse, du fleuve Sénégal à la mer de Chine, dont tout musulman tire une légitime fierté.

Néanmoins, cette islamisation d'une partie du monde ne se fit pas sans mal, comme toute conquête, laquelle est aussi par définition une invasion, une occupation. De la Chine à l'Andalousie, via l'Indus, le Nil ou l'Atlas, des *dhimmis* ou des non-*dhimmis* furent massacrés, pillés, violés, quand ils ne se soumirent pas inconditionnellement – sans parler de la traite négrière en Afrique noire, autorisée par la loi islamique et toujours pratiquée peu ou prou de nos jours, par exemple aux confins soudano-tchadiens. Le journaliste musulman algérien Slimane Zéghidour[1],

---

1. Slimane Zéghidour, *La Vie quotidienne à La Mecque*, Hachette, 1989.

Ce qui nous attend : la dhimmitude

aujourd'hui éditorialiste sur la chaîne internationale francophone TV 5, n'a pas craint, à la fin du XXe siècle, de révéler l'existence d'esclaves et même d'eunuques en Arabie Saoudite.

Que ne dirait-on pas si on découvrait l'existence à notre époque d'un seul et unique castrat dans la chapelle Sixtine, au Vatican ? En faveur des musulmans, c'est toujours deux poids deux mesures. Nous pratiquons une sorte de paternalisme qui ne s'avoue pas, alors que l'obligation d'égalité de notre époque devrait impliquer le même traitement pour tout un chacun, quelle que soit sa religion ou sa non-religion. En revanche, les musulmans applaudissent à tout rompre le processus de repentance dans lequel l'Europe s'abîme en dénigrant son expansion passée. Il paraîtrait inconvenant aux mahométans de battre leur coulpe pour leur propre expansion. Au contraire, ils affichent leur prééminence morale : « Nous avons apporté l'ultime message divin, ce qui est une œuvre pie, et en plus nous avons amené avec nous la tolérance. » Et la dhimmitude...

Une illustration quotidienne de cette belle assurance : il n'est de jour où les médias de l'islam ne fassent honte à l'Espagne pour son « occupation », sur la côte marocaine, des deux ports de Ceuta, ibérique depuis 1415, et Melilla, depuis 1497. Ces médias sont eux-mêmes complaisamment relayés par la presse espagnole, européenne, nord-américaine.

En revanche personne ne fait jamais les gros yeux à la Turquie qui s'est emparée par la force des canons, en 1453, de la ville euro-grecque de Constantinople pour en faire la métropole islamique d'Istanbul, siège même du califat universel de l'islam orthodoxe du XVIe au XXe siècle... Pire, nous choisissons le 29 mai, date

Ce qui nous attend : la dhimmitude

symbolique de la victoire des Turcs, pour faire approuver une Constitution européenne qui refuse toute référence aux racines judéochrétiennes de l'Europe. Nous voyons notre paille mais jamais la poutre de l'Autre...

Voilà la toile de fond de cette dhimmitude qui est un statut à peu près unique en son genre dans l'histoire des civilisations, puisque des communautés confessionnelles minoritaires sont bel et bien reconnues par une religion d'État, l'islam, mais sans pour autant jouir de l'égalité avec les musulmans majoritaires.

Le Coran, reçu par tous les musulmans comme la parole divine, transmise oralement à Mahomet par l'ange Gabriel, ne cite pas à proprement parler la *dhimma* mais évoque à plusieurs reprises les futurs *dhimmis*.

Si la sourate coranique de la Table servie (V, 82) dispose que « les hommes les plus hostiles aux croyants [musulmans] sont les juifs et les polythéistes », elle énonce aussi que « les hommes les plus proches des croyants par l'amitié sont ceux qui disent : "Oui, nous sommes chrétiens" » !

Toutefois la pratique musulmane, théologique, politique ou populaire, a pratiquement toujours été, au cours des siècles, de considérer les chrétiens comme polythéistes car ils adorent trois personnes en la Trinité, ce qui, aux yeux des mahométans tenants d'une rigoureuse unicité divine, est le comble de la mécréance.

Le Coran, finalement, loge *dhimmis* israélites et *dhimmis* chrétiens à la même enseigne, jette sur eux le

Ce qui nous attend : la dhimmitude

même opprobre, justifiant par avance le même statut discriminatoire de dhimmitude qui leur sera ensuite appliqué :

« Ô vous qui croyez !
Ne prenez pas pour amis les juifs et les chrétiens ;
ils sont amis les uns des autres.
Celui qui, parmi vous, les prend pour alliés
devient un des leurs » (V, 51).

La supériorité islamique sur laquelle se fonde la dhimmitude trouve sa source dans plusieurs sourates du Coran :
« Vous [les mahométans] formez la meilleure communauté suscitée pour les hommes : vous ordonnez ce qui est convenable ; vous interdisez ce qui est blâmable ; vous croyez en Dieu. »
Quant à la Sunna, c'est-à-dire la Tradition du Prophète, elle proclame : « L'islam domine et ne saurait être dominé. » Tout jeune musulman apprend cette phrase capitale dans sa famille dès la petite enfance et il ne l'oublie jamais.
Quand il devient un téléspectateur adulte et qu'il regarde une chaîne musulmane, la doctrine lui est rappelée avec force et sérénité. Par exemple, le 13 janvier 2006, sur la chaîne saoudienne Al-Majd, le cheik Abdelaziz al-Fawzan, professeur à l'université Al-Iman, a prodigué ses encouragements aux musulmans en les invitant à haïr les chrétiens d'une « haine positive[1] ». « Haine positive » pour les *dhimmis* et – du moins on

---

[1]. Institut de recherche médiatique du Moyen-Orient, dépêche n° 1069, 13 janvier 2006.

Ce qui nous attend : la dhimmitude

imagine le parallèle conceptuel – « haine négative » pour les non-*dhimmis*.

Historiquement, selon la Sunna, la *dhimma* aurait été appliquée pour la première fois du vivant même de Mahomet, lorsqu'il eut imposé son autorité, par les armes, la menace ou la diplomatie, aux chrétiens et israélites d'Arabie ou des confins arabo-yéménites. Ainsi, en l'an 631, les chrétiens de l'oasis de Najrane virent leur liberté de culte reconnue en échange d'une aide logistique permanente aux forces armées musulmanes. Après Mahomet, tous les non-musulmans furent expulsés d'Arabie, déclarée tout entière « mosquée »... Bel exemple de tolérance religieuse ! De nos jours, les non-musulmans ne peuvent séjourner que temporairement dans une partie de l'Arabie Saoudite et n'y ont droit à aucune liberté du culte, même en privé, sous peine d'être arrêtés et expulsés, ce qui s'est produit à plusieurs reprises ces dernières années, notamment pour des catholiques philippins.

La première élaboration noir sur blanc de la *dhimma* aurait été le pacte d'Omar, du nom du calife Omar, le deuxième successeur de Mahomet à la tête des Arabes islamisés. On parlait, et on parle d'ailleurs encore, pour les « bénéficiaires » de ce pacte supposé dont le texte original ne nous est pas parvenu, des « Gens du Livre », *Ahl el-Kitab*. Vers l'an 850, sous la dynastie abbasside, la dhimmitude fut précisée et fixée pour toujours : une relative liberté de culte est accordée aux chrétiens et aux israélites en échange d'une série de restrictions discriminatoires : d'abord le paiement d'un impôt spécial, le tribut ou *djizya*[1]. Ensuite,

---

1. Le Coran est, sur ce point très précis, dans la sourate de l'Immunité (IX, 29) : « Ceux qui, parmi les Gens du Livre /

Ce qui nous attend : la dhimmitude

le port de vêtements ou couleurs distinctifs et l'interdiction, sous peine de mort, d'épouser une musulmane. Enfin, la liberté de culte des *dhimmis* s'entend bien sûr sans aucun prosélytisme et dans la plus grande discrétion : pas de processions, pas de cloches, le moins possible de croix. Le chef chrétien maronite libanais, Béchir Gemayel, avait coutume de rappeler à ses interlocuteurs occidentaux, souvent choqués par sa résistance armée à l'islamisation politique du Liban : « Nous voulons continuer de sonner nos cloches en toute liberté. » Ce droit n'existe pas, ou de manière très limitée, dans de nombreux États mahométans, comme l'Égypte, la Mauritanie, etc.

Le jurisconsulte irakien El-Maouardi, au XIe siècle de l'ère chrétienne, codifia la *dhimma* dans ses *Statuts gouvernementaux*, édités en français à notre époque et aujourd'hui très vendus par les librairies islamiques d'Europe.

Les Ottomans, successeurs canoniques, à partir du XVIe siècle, des califes arabes du Caire, de Cordoue ou de Bagdad, intégrèrent naturellement la *dhimma* à leur système de gouvernement. Il fallut attendre les sultans turcs éclairés du XIXe siècle pour que ce statut se libéralise un peu, tout en laissant des traces importantes jusqu'à nos jours en Turquie, dans la mentalité populaire et la pratique administrative : interdiction des mariages de jeunes filles turques avec des non-musulmans ; discriminations effectives dans l'armée pour les Turcs non mahométans, construction ou réfection d'églises impossible, interdiction à la fin du

---

Ne pratiquent pas la Vraie Religion [l'islam], / Combattez-les / Jusqu'à ce qu'ils paient directement le tribut [*djizya*] / Après s'être humiliés. »

Ce qui nous attend : la dhimmitude

XXe siècle du dernier séminaire orthodoxe grec de Turquie, etc.

La France d'aujourd'hui connaît cette étrange coutume pour les mariages dans les zones où l'islam est majoritaire. Il s'agit d'une discrimination dont jamais personne ne parle. Quand Jacques Chirac propose de faire la chasse à toutes les formes de discrimination, pense-t-il un instant à la dhimmitude ? Sait-il qu'un *dhimmi* vaut la moitié d'un citoyen ? Sait-il que le témoignage d'un *dhimmi* en justice musulmane, y compris dans des pays réputés libéraux comme l'Égypte, n'a pas de valeur si le cas en cause est celui d'un mahométan ? Pourrait-il nous parler des discriminations au mariage, puisqu'il y a chez nous en France, aujourd'hui, des mariages forcés et aussi des mariages interdits entre musulmans et non-musulmans ?

Un vieux proverbe copte du Caire ne résume que trop la situation actuelle de citoyens *minuto jure*, vécue par les chrétiens d'Égypte et de la plupart des autres États musulmans : « Les têtes qui se courbent ne tombent pas »...

Ce profil bas est déjà celui que bien des Français de France, vivant au contact de musulmans immigrés, ont commencé à observer pour « vivre tranquilles » : ne pas fumer, boire ou manger devant un mahométan en temps de jeûne rituel, le mois de ramadan ; supprimer les arbres de Noël dans les écoles où sont inscrits des élèves musulmans ; se convertir discrètement à l'islam pour épouser une mahométane, etc. Avant d'entrer dans nos lois, la dhimmitude, pénétrant nos mœurs et nos esprits, prépare le terrain à l'islamisation.

Si, dans nos hôpitaux publics, il n'est pas rare que

Ce qui nous attend : la dhimmitude

des musulmanes exigent, au besoin en hurlant, d'être soignées par des femmes, comme en terre d'islam, c'est que, en pays musulman, par exemple en Égypte, la profession de gynécologue ne peut être exercée que par un « vrai croyant », car l'intimité des « vraies croyantes » ne peut jamais être visitée par un *dhimmi* ou pire par un athée.

Déjà, toute une partie du sol français est soumise au « djihad de proximité ». L'inégalité n'est pas là où on feint de la traquer. La discrimination non plus.

Les premiers *dhimmis* de France sont les hommes politiques qui se défont de leur pouvoir et se mutilent à l'avance au nom de la « diversité » et de la « mixité sociale », qu'il faut traduire par « mixité ethnico-religieuse ». Ils ne voient donc pas que suspecter de racisme ou d'islamophobie toute attitude tendant à contraindre les immigrés à respecter nos lois et usages, c'est favoriser la dhimmitude du pouvoir, d'un pouvoir diminué, qui ne laisse à l'autorité captive que des moignons bavards.

Sur le territoire français lui-même, cette discrimination religieuse non avouée s'est installée. Dans nos « zones de non-droit », en passe de devenir des « zones de droit musulman », où la liberté d'aller et venir en toute tranquillité devient un luxe, la psychologie dominante habille les regards baissés, commande l'ordre des trottoirs et, dans le voisinage de la peur, prépare à la soumission.

Car « l'islam domine et ne saurait être dominé ».

IX

L'IMPOSSIBLE « ISLAM DE FRANCE »

En créant le Conseil français du culte musulman, au moment même où il prenait le risque de légitimer la mouvance islamiste comme religion d'État, le ministre de l'Intérieur, Nicolas Sarkozy, réitérait son audacieux pari : « Faire émerger non pas un islam *en* France mais un islam *de* France. »

Il s'agit d'acclimater en quelque sorte l'islam à notre profil national, de l'intégrer à notre civilisation, de l'adapter à la République, de le fondre dans notre tradition, de le rendre compatible avec notre culture. Et enfin de le couper de ses sources de financement étrangères, afin de le rendre apte à une vie autonome.

Quels qu'en soient les mérites, ce pari est perdu d'avance. Il n'y aura jamais d'islam de France, il y aura, il y a déjà – et c'est l'inverse – une France de l'islam. Avant que l'autre France, aujourd'hui préservée par les hasards de la géographie, n'y vienne à son tour.

Car, sous nos yeux, chaque jour, on peut le constater : ce n'est pas l'islam qui s'adapte à la France, c'est la France qui s'adapte à l'islam. Alors, pourquoi ce pari est-il impossible à tenir ? Parce qu'il repose sur une ambition vaine qui consiste à revisiter le Coran et

L'impossible « islam de France »

la Sunna pour les réécrire ; ce qui est possible avec certaines religions, fondées sur la séparation du temporel et du spirituel, ne l'est pas avec l'islam. Rien n'y est détachable. L'islam est un bloc. Tout ce qui est à Allah est à Allah et tout ce qui est à César est encore à Allah. Le Coran est la parole divine même et ne peut donc sous aucun prétexte être modifié.

L'islam n'est pas qu'une religion, c'est aussi un mode de vie, une culture et un ordre social fondés sur une doctrine intangible. La question est de savoir si cette doctrine est adaptable aux pays dont les origines culturelles sont profondément différentes. Laïcité et islam sont-ils compatibles ? L'islam peut-il coexister avec d'autres religions lorsqu'il est en position de force ? A-t-on le droit de respecter les lois d'un gouvernement non islamique lorsqu'on est un musulman pratiquant ? Ces lois ne sont-elles pas considérées comme tyranniques et blasphématoires, des lois de « mécréants » ? L'islam ne recommande-t-il pas la *taqya*, c'est-à-dire la dissimulation, en enjoignant aux « croyants » d'être discrets, de bien se comporter lorsqu'ils sont minoritaires et même de cacher leur croyance si cela s'avère nécessaire, dans l'attente du moment où leur force sera suffisante pour prendre le pouvoir ? Pour peu qu'on se reporte aux écrits, la réponse à ces questions est limpide : selon les textes mêmes de la religion de Mahomet, il est absolument impossible d'établir un islam national.

Les Frères musulmans, qui représentent une composante importante du Conseil français du culte musulman, proclament dans leur credo : « Je crois que le drapeau de l'islam doit dominer l'humanité, et que le devoir de tout musulman consiste à éduquer le monde selon les règles de l'islam... je crois que tous

L'impossible « islam de France »

les musulmans ne forment qu'une nation unie par la foi islamique. »

Les mots « modéré » et « intégriste » n'existent que dans la dialectique occidentale ; dans le monde musulman, il n'y a que le « croyant » et le « mécréant », celui qui croit à la parole d'Allah et celui qui la refuse.

La société islamique est établie sur trois principes fondamentaux : le *djihad*, la *charia*, l'*Oumma*.

Le *djihad*, la guerre sainte, invite le croyant au prosélytisme, à partir de son lieu de résidence, avec une mission simple : faire du territoire où il est une terre d'islam. Nous sommes là très loin des principes de laïcité et de neutralité de l'ordre républicain.

La *charia* est le droit des musulmans, c'est-à-dire l'ensemble des règles juridiques qui régissent l'ordre islamique. Un tribunal canadien vient d'être saisi par une famille musulmane qui demande à se voir appliquer non pas le droit canadien mais le droit musulman, la *charia* : démarche révélatrice d'une pression en faveur de l'instauration d'un double ordre juridique, l'un pour les musulmans et l'autre pour les non-musulmans. Un récent sondage en Grande-Bretagne a secoué le pays : 40 % des musulmans vivant là-bas souhaitent l'application de la *charia* dans la vie quotidienne !

Quant à l'*Oumma*, elle représente la communauté universelle des croyants mahométans. Il n'y a pas de lien supérieur à cette appartenance irrévocable, pas plus de nationalité que d'attache régionale. C'est l'allégeance des allégeances. Et c'est pourquoi certains pays musulmans, tels l'Arabie, le Maroc ou l'Algérie,

L'impossible « islam de France »

n'hésitent pas à aider, chez nous, la construction des mosquées au nom de l'Oumma.

À partir de ces trois principes distinctifs qui ordonnent la vie des musulmans, la société islamique vit selon des rythmes qui, dans leur cohérence au plan temporel comme au plan spirituel, ne sont pas dans le même ordre de civilisation que la nôtre.

Le musulman obéit à la Loi de l'islam. Elle n'est pas négociable. Le droit musulman embrasse l'ensemble des obligations que la loi coranique lui impose en tant qu'homme, croyant et citoyen d'une théocratie. Ce droit dicte au musulman le statut familial, le droit pénal, le droit public et international, les relations avec les non-musulmans ; il édicte les règles de la vie quotidienne, les interdits élémentaires, etc. Cette loi ne connaît pas de limites territoriales, le croyant jouit du droit de la « nationalité islamique ». La charia n'en reconnaît pas d'autre au musulman. Le droit musulman est un droit *révélé*, il doit à cette conception son caractère de rigidité et d'immutabilité.

Le droit musulman ne connaît pas la notion de nationalité et condamne même le nationalisme et le régionalisme. Chaque croyant se regarde comme citoyen-né de l'islam et considère son pays comme une province de l'Oumma, la seule nation qui tienne, c'est-à-dire la communauté islamique.

L'éveil du nationalisme panarabe ou turc au début du XXe siècle a fait croire et espérer, chez beaucoup, la disparition du panislamisme. Mais ce nationalisme des peuples musulmans a connu la faillite à la fin du même siècle et son bilan est déposé depuis le début du XXIe. L'OLP[1], le parti Baas, le FPLP[2] d'obédience

---
1. Organisation de libération de la Palestine.
2. Front populaire de libération de la Palestine.

L'impossible « islam de France »

marxiste et même les partis turcs pseudo-laïcs ne font plus le poids face aux mouvements islamistes que sont le Hamas, le Djihad islamique, les Frères musulmans et les autres mouvements et partis politiques religieux. Les régimes non islamistes qui se maintiennent encore en pays d'islam ne doivent leur salut qu'à la dictature, souvent sanglante, qu'ils font subir à leur population ou à une armée prétorienne qui joue le rôle d'une police politique camouflée en garde républicaine. Faut-il rappeler que ces régimes dits non islamistes, comme l'Égypte par exemple, ont inscrit dans leur constitution l'islam comme religion d'État et la charia comme source essentielle des lois ? Chaque fois qu'un pays, dont la population est à majorité musulmane, s'est aventuré à organiser des élections libres, ce sont les islamistes qui ont remporté une victoire écrasante, leur permettant souvent de prendre le pouvoir de façon légale quand une nouvelle dictature ne les renversait pas. On peut citer les exemples spectaculaires et récents de l'Algérie, de la Turquie, de l'Irak, de l'Iran, de l'Égypte et des territoires palestiniens.

Chez nous, comme ailleurs, l'*Oumma* est de plus en plus reçue comme un principe supérieur, la référence affective d'une fraternité cosmique.

Le fameux rapport de l'inspection générale de l'Éducation nationale[1] souligne la difficulté pour les jeunes d'assumer dans leur for intérieur une double relation au monde : « Un grand nombre d'élèves d'origine maghrébine, français ou issus de parents

---

1. Inspection générale de l'Éducation nationale, « Les signes et manifestations d'appartenance religieuse dans les établissements scolaires », art. cité.

L'impossible « islam de France »

français, se voient comme étrangers à la communauté nationale, opposant à tout propos deux catégories : "les Français" et "nous"... Ils se revendiquent de plus en plus souvent d'une *identité musulmane*. Beaucoup de collégiens, interrogés sur leur nationalité, répondent de nos jours "musulmans". Si on les informe qu'ils sont français, ils répliquent que c'est impossible puisqu'ils sont musulmans ! »

Et l'inspection générale ne manque pas de souligner que toute forme de relation ethnique est aujourd'hui submergée par un sentiment d'appartenance assez partagé à « une nation musulmane, universelle, distincte et opposée à la nation française ».

On aurait mieux fait d'écouter, il y a quelques années, le discours prémonitoire du roi du Maroc, Hassan II, musulman francophile et réaliste s'il en fut, qui nous avait pourtant mis en garde. Je me souviens notamment de ses propos, à l'émission télévisée *Sept sur sept*, propos qui soulevèrent un tollé dans la bien-pensance française : « Je n'aimerais pas du tout que les Marocains soient l'objet en France d'une tentative d'intégration car ils ne seront jamais intégrés, ce seront de mauvais Français. Je vous décourage, en ce qui concerne les miens, de procéder à un détournement de nationalité, car ils ne seront jamais 100 % français[1]. »

Le même souverain musulman, descendant de Mahomet et à ce titre Commandeur des croyants du Maroc, exerça à la même époque son franc-parler, rarissime chez ses coreligionnaires. Il déclara en effet

---

1. *Sept sur sept*, 16 mai 1993.

L'impossible « islam de France »

au journaliste français Éric Laurent : « Nous sommes une autre civilisation. Vous êtes des Romains, des Germains, des Francs, des Gaulois. Nous sommes des Arabes, des Berbères, mêlés à ceux qui sont venus du Yémen ou du Tchad[1]. » Et le monarque chérifien précisait : « J'estime que le catholicisme a failli au niveau de l'éducation. Il n'a pas pris position assez ouvertement contre certains dépassements, notamment pour la cellule familiale. L'Église n'a pas assez prêché ce que sont les liens du mariage. »

Et dans la même période, Hassan II déclara tout de go à un envoyé du pape : « Pour vous, nous sommes des Infidèles, pour nous, vous êtes des mécréants ! » Ce langage de vérité toute crue n'empêcha pas le roi du Maroc d'être le premier chef d'État musulman de toute l'histoire à recevoir officiellement chez lui, en 1985, le pontife suprême des catholiques, Jean-Paul II.

Enfin, il convient de faire justice de cette idée absurde que la formation des imams à la française permettra l'émergence d'un islam de France en s'appuyant ainsi sur une sorte de clergé français. En effet, en islam, l'absence de véritable liturgie et de grandes cérémonies cultuelles rend sans objet l'existence d'un clergé pour diriger le service divin. Le protestantisme le plus rigide semble une religion sacerdotale en face du monothéisme intransigeant qu'est l'islam, excluant tout intermédiaire entre l'homme et son Dieu. Cette religion ne peut admettre une cléricature, avec le statut d'intermédiaire hiérarchique de grâces spirituelles. Ces pratiques lui paraissent une injure infligée à

---

1. Éric Laurent, *La Mémoire d'un roi*, Plon, 1993.

L'impossible « islam de France »

l'efficacité de la charia. À quoi bon des intermédiaires ? Allah sait tout. L'essence de la religion réside dans l'islam, ce qui veut dire : « Abandon à Allah ». Dans le système islamique, il n'y a pas de place pour le pardon des fautes, qui s'obtient par des sanctions canoniques édictées par le Coran contre des transgressions déterminées : adultère, vol, boissons alcooliques, etc. Les imams et autres attachés au service des mosquées n'ont donc besoin d'aucune formation approfondie ; il leur suffit de connaître le Coran et la Sunna et d'en appliquer les règles.

Reste une dernière illusion : l'émergence d'un islam modéré à la française. Il y a des musulmans modérés. Il n'y a pas, il ne peut y avoir d'« islam modéré ». La modération est, dans l'islam moderne, une forme de modification d'un code génétique naturellement porté vers la conquête.

Parmi les devoirs religieux incombant à tout musulman, cinq sont, à cause de leur importance, appelés « les piliers de l'islam ». Ces piliers sont la profession de foi islamique, les prières quotidiennes, l'aumône rituelle, le jeûne de ramadan et si possible le pèlerinage à La Mecque. Quant au djihad, la guerre contre les non-musulmans, qui est le principal thème de la IXe sourate et qui revient fréquemment dans bien d'autres, il est un « devoir d'État ». La charia a toujours envisagé la guerre sainte comme l'un des principaux devoirs du musulman, un devoir de solidarité, une obligation non pas individuelle, mais collective. Le djihad ne doit jamais être interrompu ni prendre

L'impossible « islam de France »

fin, avant la soumission du monde à l'islam dont tous les hommes doivent reconnaître la suprématie politique. D'où la division du monde en deux espaces géographique distincts : les territoires conquis, les territoires à conquérir. Pour assurer le succès universel de l'islam, prévu par Dieu, le Coran permet d'utiliser tous les moyens, de la discussion courtoise à la guerre. Selon l'essayiste Annie Laurent, les verbes « tuer », *qatala*, et « combattre », *qâtala*, d'orthographe voisine, s'y trouvent respectivement soixante-douze fois et cinquante et une fois, dont dix et douze à l'impératif.

Là où habitent des populations indépendantes du régime islamique, il ne peut être conclu que des trêves, par ailleurs indéfiniment renouvelables tant que le rapport de force est en défaveur de l'islam. Ces régions, ainsi que les biens de leurs habitations appartiennent à l'islam ; il y a un devoir à les faire rentrer dans le droit, dès que les circonstances s'y prêteront. C'est une simple question d'opportunité. Les musulmans vivant sous un régime non musulman ne doivent supporter cette situation qu'aussi longtemps qu'ils sont impuissants à la changer. C'est la raison pour laquelle l'islam se présente sous un double visage, l'un pacifique, l'autre conquérant. La vérité est que ces deux aspects sont l'un et l'autre authentiques. Ils sont également compatibles et complémentaires aux yeux des musulmans.

Sauf si les musulmans de France en viennent à oublier le Coran, à en renier l'esprit et la lettre, l'islam s'impose à eux comme norme supérieure à toute autre forme de bien commun.

Selon l'expression d'Anne-Marie Delcambre, l'islam est une « religion d'interdits », une foi qui cherche à

L'impossible « islam de France »

convertir. Ces deux particularités rendent impossible la définition même d'un islam de France : l'islam ne peut pas s'intégrer, ne veut pas s'intégrer, il veut intégrer les autres.

L'islam de France n'est donc pas possible. Et il n'est pas souhaitable. Il porterait avec lui la désintégration de la France. La seule manière d'assurer la paix civile, aujourd'hui, sur notre territoire, ce n'est pas de promouvoir l'islam *de* France mais d'imposer des conditions. Par exemple, en proclamant sur tous les tons que nous appliquerons notre seul droit pénal et non pas le droit pénal du Coran qui va jusqu'à déterminer les pénalités des délits commis : la flagellation pour l'ivrognerie, la mutilation pour le vol, la mort pour le renégat. Par exemple, en imposant notre mode de vie, quitte à limiter ou à prohiber dans la sphère publique tous les interdits incompatibles avec nos valeurs et nos usages : les interdits alimentaires dans les cantines, l'interdit de la mixité dans les hôpitaux, dans le sport, l'interdit du mariage entre une musulmane et un non-musulman, l'autorisation donnée par le Coran aux hommes de frapper leurs femmes, s'ils estiment qu'elles le méritent, autorisation solennellement réitérée par un imam algérien de Lyon, Abdelkader Bouziane, etc. De même, il est urgent de soumettre les projets de construction de mosquées à une charte nationale édictant des conditions précises, rigoureuses et aisément contrôlables : respect de l'égalité homme-femme et interdiction explicite de leur faire violence, interdiction de tout financement étranger, interdiction de toute forme d'architecture (minarets géants, etc.) contraire à nos traditions, liberté de changer de religion, prohibition de la polygamie, etc. La différence fondamentale entre un islam *de* France et un

L'impossible « islam de France »

islam *en* France, c'est la différence entre une religion d'État et une liberté personnelle. En d'autres termes, les musulmans doivent être reconnus en tant que croyants, pratiquants, au nom de la liberté de conscience, mais non pas en tant que communauté instituée et dotée de privilèges de puissance publique que les autres religions ont perdus depuis longtemps.

Tous ceux qui, dans le monde, ont cru pouvoir façonner un islam maison, en ont été pour leurs frais. L'« islam des polders » a vécu avec le meurtre rituel du cinéaste Theo Van Gogh. L'islam espagnol a explosé dans les illusions madrilènes ; l'islam britannique, vantant les mérites cosmopolites du Londonistan pacifique, s'est volatilisé dans le métro anglais. Pourquoi ces échecs ? Pour une raison simple : chaque fois qu'on a prétendu nationaliser l'islam, en faire une « religion du terroir », on a favorisé la suspicion des musulmans et déclenché une poussée d'islamisme.

Le résultat ne s'est pas fait attendre : le Conseil régional du culte musulman de Rhône-Alpes, se saisissant du cas d'une fonctionnaire mise à pied parce qu'elle portait le voile islamique, a déclaré, par la voix de son président, le recteur Kabtane : « Il n'est pas question pour nous de transgresser ni la loi française ni le Coran. Il faut trouver une voie médiane. » Une voie intermédiaire entre la Loi des uns et la Loi des autres. Le Premier ministre Erdogan, plus libre de ses mouvements, à propos d'une autre affaire de voile, est allé plus loin, dans son pays théoriquement laïc, en rejetant un arrêt de la Cour européenne des droits de l'homme : « Les oulémas, et non les tribunaux, sont

L'impossible « islam de France »

habilités à s'exprimer sur la question du foulard[1]. » C'est la doctrine d'un « islamiste modéré » représentant cette Turquie que certains, jusqu'à l'Élysée, sont si pressés d'intégrer à l'Europe.

---

1. Institut de recherche médiatique du Moyen-Orient, 2 janvier 2006.

X
ENRAYER LE DÉRACINEMENT

Au moment où les migrations s'accélèrent autour de nous, aujourd'hui, en France, on nous donne à choisir entre deux types d'immigration : l'immigration subie et l'immigration choisie. Dans les deux cas, il s'agit d'une immigration « de peuplement », porteuse des plus grands désordres.

L'immigration subie conduit au chaos. Les tensions deviennent insupportables pour notre pays, qui, de longue date, n'est plus en mesure, comme l'avait autrefois admis Michel Rocard, d'« accueillir toute la misère du monde » tout en ayant à gérer une déchirure affective terrible pour les déracinés de la planète. Ces hordes de paysans désespérés, arrachés à leur terre, se condamnent à une vie d'errance et d'amertume entre deux mondes, celui de leur lignée qui ne les nourrit plus et celui de la nécessité qui ne les accepte plus.

Quant à l'immigration choisie, elle consiste à ajouter aux vagues actuelles qui submergent notre pays une immigration nouvelle de travailleurs retenus pour leurs qualifications. Derrière cette proposition du ministre de l'Intérieur, avec « l'ouverture de quotas par nationalité et par profession », il y a un avantage

Enrayer le déracinement

pour nous : on maîtrise, on contrôle, on sélectionne. Mais c'est en réalité un drame supplémentaire : l'appauvrissement des pays les plus pauvres ; car derrière ces quotas d'accueil, se dissimule le dessein de piller les forces vives des pays du tiers-monde. Voici le vrai néocolonialisme. Sait-on que plus de la moitié des médecins formés en Afrique, qui compte trente millions de séropositifs, ont quitté leur pays pour exercer en Europe ou aux États-Unis ?

Que cherche-t-on avec ces « quotas » d'élites ainsi prélevés à bon prix ? Achever de vider le continent africain martyr de ses médecins, ingénieurs, informaticiens ? Cette transplantation des compétences, dont la formation a été assurée et financée dans les pays ainsi dépossédés de leurs meilleurs éléments, prend déjà, aujourd'hui, les allures d'une tragédie planétaire.

Comment combattre le sida, la malaria, la tuberculose ou la polio sans médecins ? Alors que les médicaments sont plus accessibles que jamais, ils sont souvent de peu d'utilité en raison du cruel manque de personnel de santé qualifié dans les pays en développement.

Selon les résultats d'une enquête publiée le 30 novembre 2004 dans la revue médicale britannique *The Lancet*, il manquerait quatre millions de médecins, d'infirmières et autres sages-femmes pour faire face aux énormes besoins des pays pauvres [1].

« Sur le front de la lutte pour la survie humaine, nous voyons des personnels soignants surchargés et stressés, trop peu nombreux, perdre le combat », constate le rapport du Joint Learning Initiative, un

---
1. Associated Press, Londres, 30 novembre 2004.

Enrayer le déracinement

consortium regroupant plus de cent des principaux acteurs de la santé du monde.

Dans beaucoup de pays, ce sont des systèmes de santé très fragiles qui affrontent les épidémies comme celle du sida. Le virus tue parfois le personnel soignant trop vite pour que les médecins puissent être remplacés à temps par de nouveaux professionnels. « Ceux qui survivent travaillent dans des conditions terribles, disposant de trop peu de médicaments ou de matériel inadapté », affirme le rapport.

De très nombreux professionnels succombent à la tentation d'obtenir à l'étranger plus de considération et de meilleures conditions de travail. Ainsi, il y a plus de médecins malawiens dans la ville de Manchester que dans tout le Malawi ! Seuls cinquante des six cents médecins formés en Zambie depuis l'indépendance, en 1964, n'ont pas quitté le pays...

Je me trouvais en Afrique au moment où, au sommet franco-africain de Bamako, en 2005, Jacques Chirac a annoncé que les Africains diplômés pourraient aller et venir plus facilement entre leur pays d'origine et la France grâce à des « visas de longue durée et à entrées multiples ». Contrairement à ce qu'on a tendance à croire en France, la réaction en Afrique fut hostile à ce projet d'immigration sélective. Le secrétaire exécutif de l'Union africaine a révélé que pratiquement aucun médecin installé en France et ayant étudié en Afrique ne veut y revenir. Selon l'Organisation internationale des migrations, un tiers des Africains diplômés dans les domaines scientifiques et techniques exercent dans les pays du Nord, ce qui représente plus de trois cent mille spécialistes.

Enrayer le déracinement

L'Afrique a besoin en réalité de toutes ses forces pour décoller, de toutes ses intelligences, de toutes ses énergies pour affronter la modernité. Attirer chez nous les meilleurs relève de l'erreur stratégique et de la faute morale. Comment pourrait-on traduire en termes choisis ce concept peu scrupuleux d'immigration choisie ? Sans doute par une expression simple : la traite des cerveaux. Jadis, les négriers triaient en vérifiant la dentition et la musculation. Demain, on nous proposera de choisir en fonction des neurones.

Nos élites organisent la grande transhumance. C'est un immense contresens historique. On fait preuve de générosité là où il faudrait de la fermeté – dans la gestion de nos frontières –, et on fait preuve de fermeté et de cécité là où il faudrait de la générosité – avec un véritable plan de sauvetage pour fixer chez elles les élites des pays pauvres.

Il n'y a qu'une politique sérieuse, c'est une politique siamoise : stopper l'émigration là-bas, stopper l'immigration ici. Interrompre la première pour pouvoir endiguer la seconde. Tarir la source des migrations par une politique d'immigration zéro.

On peut penser qu'il s'agit là d'une utopie, tant le chantier apparaît gigantesque. Il y a peu de temps encore, je le croyais moi-même. Jusqu'au moment où j'ai eu, sous les yeux *in vivo*, les fruits des actions menées à l'échelle d'un département, la Vendée, et d'un pays, le Bénin : j'ai vu, en miniature, que, par la seule loi de l'entraide, on pouvait faire des miracles. *Un* euro chez nous, c'est l'équivalent de cent euros là-bas. Et c'est surtout la force d'entraînement, l'engre-

Enrayer le déracinement

nage heureux de la chiquenaude, par la contagion de la réussite des microréalisations.

En provoquant mille petits décollages, par capillarité, qui se répondent en écho, on provoque ici l'élan, là l'essor d'un atelier, d'un secteur, d'un pays. On perçoit le mouvement d'ensemble qui, lentement, met en branle l'activité humaine et arrache les plus passifs à la langueur des misères acceptées.

On voit affleurer les petites cellules de vie qui se répandent et se propagent en coulées d'espérance. On mesure que l'envol tient à si peu de chose : un regard croisé qui insiste, un geste qui apprend un tour de main, un signe de confiance sans esprit de retour et surtout la fierté de s'en sortir par soi-même sans devenir le nomade d'une caravane qui n'est pas la sienne.

Aujourd'hui, je crois de toutes mes forces, parce que je l'ai vu de mes yeux en Afrique noire, sur le terrain, que la migration n'est pas inéluctable, et que le monde peut s'organiser autrement qu'à travers cette grande pérégrination désordonnée, qui commence par un rêve sous les tropiques et finit par un cauchemar dans la grisaille des paliers sans regard.

Mon expérience personnelle m'amène à cette conclusion établie sur la preuve des faits : non seulement cette politique d'ancrage des élites est souhaitable mais elle est possible. Au moment où j'écris ces lignes, j'arrive du Bénin, après un séjour de travail intense sur un projet de coopération inédit. Nous avions fixé deux buts à notre visite de travail avec nos amis béninois : signer un accord de coopération décennal 2005-2015 entre la Vendée et le Bénin ; et

Enrayer le déracinement

inaugurer une quinzaine de réalisations mises en œuvre dans le cadre de cette coopération, dans trois domaines : un réseau d'écoles de formations professionnelles en alternance ; un réseau d'hôpitaux et de centres de santé ; un réseau d'aide à la création de micro-entreprises.

Dès que la coopération décentralisée a été autorisée par la loi, en 1992, la Vendée s'est portée aux avant-postes comme un département pionnier : notre coopération se concentre sur un nombre limité de partenaires, choisis en fonction des liens historiques et des initiatives locales, mais auprès desquels le département s'investit de manière durable. Ce que nous recherchons, c'est une adéquation étroite entre les besoins réels des partenaires et nos propres expertises. C'est aussi une coopération très pragmatique, très concrète, qui se focalise sur quelques points d'application particulièrement ciblés, aux antipodes des planifications technocratiques, souvent artificielles, coûteuses et mal contrôlées. La coopération de proximité – une coopération *de visage à visage* – pratique en permanence l'autocorrection, l'autocontrôle, l'adéquation de la proposition au besoin réel du terrain.

Dans la zone Afrique-océan Indien, nous avons établi ce mode de coopération suivie avec trois pays : le Bénin, Madagascar et le Maroc, trois pays particulièrement intéressés par les ingrédients de la réussite vendéenne : éthique de la solidarité, vitalité associative, maillage dense de petites et moyennes entreprises, ruralité dynamique, réseau de formation innovant, ingénierie culturelle originale. Trois pays soucieux d'enrayer le processus pervers qui, à partir de l'exode rural, sous l'effet du mirage des métropoles, alimente l'entassement urbain et l'émigration vers l'Europe.

Enrayer le déracinement

Comment la ruralité elle-même peut-elle devenir moteur du développement ? C'est le secret que l'on nous demande de partager. C'est donc sur les éléments qui favorisent la vitalité des régions rurales que nous avons été amenés à travailler en priorité.

Le Bénin a été le laboratoire de cette stratégie. Nous sommes partis du principe que les zones rurales ne peuvent rester attirantes pour leurs habitants que si elles disposent d'un maillage suffisant d'établissements scolaires, de centres de santé, d'un dispositif de formation professionnelle adapté, qui fassent aimer la ruralité et découragent alors de s'évader vers la mégalopole côtière.

C'est ainsi que nous avons progressivement mis en place, en quinze ans, un réseau de maisons familiales rurales, tourné principalement vers la formation initiale et continue de jeunes agriculteurs et de femmes. Trois maisons fonctionnent aujourd'hui remarquablement à Sam, Kilibo et Abomey. Elles installent et suivent de jeunes agriculteurs et éleveurs. Elles sont gérées par des associations béninoises et un coopérant vendéen apporte sur place un appui au réseau. Une quatrième maison sort de terre à Kétou.

Et puis, nous avons imaginé un projet particulièrement ambitieux qui, s'il réussit, sera exemplaire pour l'Afrique : la création d'un réseau mutualiste de « centres de santé ruraux ». La Vendée a une expérience forte du mutualisme, qui est un des facteurs majeurs à l'origine de son développement. Il s'agit d'essayer d'ancrer une culture nouvelle, celle de la prévoyance et de la solidarité. Le chemin sera long, nous le savons,

Enrayer le déracinement

mais il est déjà amorcé avec la création de treize mutuelles rurales.

En matière de formation professionnelle, nous nous sommes tournés en priorité vers le mode de déplacement privilégié au Bénin : les deux-roues. Nous avons donc créé, avec la Chambre des métiers de Vendée et une association béninoise, une base d'appui et de formation pour les artisans réparateurs de cycles et de motos, qui donne d'excellents résultats. À partir de la formation, la profession est amenée à s'organiser et à sortir progressivement de l'économie informelle. Nous venons de créer une seconde base, au nord de Cotonou, qui s'étendra au secteur de la mécanique agricole.

Avec Pharmaciens sans Frontières-Vendée, nous avons mené une action d'envergure portant sur l'organisation de la distribution des médicaments dans une série de centres de santé ruraux. Avec la jeune Chambre économique de Vendée et une remarquable association béninoise de femmes (dont les maris, pêcheurs, doivent aller exercer leur métier au loin), nous avons aidé à la création, à Grand-Popo, d'une caisse d'épargne locale permettant de financer un ensemble de microentreprises gigognes.

Financièrement, ces investissements ne sont pas considérables. Ils sont à la portée de n'importe quel département français. De telles actions supposent en revanche un investissement humain important et durable. Nous nous appuyons sur l'engagement et la compétence des associations et organismes vendéens. Et chaque fois, avant de lancer un projet, nous commençons par rechercher le partenaire béninois adéquat, engagé, motivé, intègre, pour former un

Enrayer le déracinement

binôme. Le facteur humain conditionne toujours la réussite du projet.

Au Bénin, nous avons trouvé des partenaires remarquables d'engagement et de désintéressement, plus soucieux du développement de leur pays que de planifier une carrière personnelle outre-mer : des médecins, des militaires, des responsables associatifs, etc. Cette expérience réussie de codéveloppement dément les lieux communs selon lesquels l'Afrique ne peut pas s'en sortir et le tiers-monde ne peut pas accéder à la richesse partagée.

Au contraire, elle démontre que tout est possible, à condition de ne pas s'en remettre à la seule coopération multilatérale, abstraite, structurelle, lointaine et de privilégier la coopération bilatérale, concrète, décentralisée, opérant, à travers des binômes efficaces, de réels transferts de savoir-faire, au rythme requis pour permettre leur approbation durable.

La France s'honorerait, en s'émancipant du carcan multilatéral de Bruxelles, de lancer ce plan « France-Francophonie » qui donnerait à tous les jeunes Français une occasion d'enthousiasme et de projection personnelle. La France retrouverait sa vocation universelle, en mettant ses mille ans de savoir-faire diplomatique au service de cette cause planétaire.

L'avantage des binômes décentralisés est triple : ils créent des liens humains, ils sont dénués de tout paternalisme, ils permettent de contrôler concrètement les résultats des actions entreprises.

Pourquoi ne pas lancer l'idée que les cent départements français et les vingt-deux régions choisissent un pays francophone – il y en a soixante répandus sur les cinq continents – et le portent dans le cœur de leurs

Enrayer le déracinement

concitoyens à travers des projets communs, avec un calendrier et une obligation de résultat ?

La coopération interétatique, bilatérale, est évanescente. C'est une tragédie pour l'Afrique francophone. La France arrive au sixième rang des partenaires du Bénin, derrière le Danemark ! Là où la coopération interétatique renonce, la coopération décentralisée peut relever le gant. Car la coopération décentralisée n'intervient pas à l'échelle macroéconomique, mais microéconomique. Elle n'est pas la traduction de concepts globaux, souvent détachés du réel. Ses acteurs se situent au niveau de la réalité quotidienne du terrain. Selon l'expression forte de Dominique Souchet, le concepteur de cette stratégie de « codéveloppement », « elle agit à la manière d'un laser. Elle mobilise et concentre des énergies sur quelques points d'application bien définis ».

Son objet est de rendre possible, avec des moyens relativement modestes, mais à des endroits stratégiquement importants pour le processus de développement (la formation agricole, la formation des artisans, la protection sociale, l'accès aux soins), un certain nombre de réalisations concrètes qui pourront servir d'exemples, de références, d'illustrations pour déclencher par la suite un effet de levier, déboucher sur une logique de réseaux.

Elle examine comment transférer et adapter des expériences et des méthodes qui ont réussi, des instruments de développement qui ont bien fonctionné dans nos départements. Par exemple, le système de formation par alternance des maisons familiales rurales ou la pratique du mutualisme, etc.

Elle permet aux jeunes générations de s'insérer plus aisément dans les actions de coopération entre pays

Enrayer le déracinement

du Nord et pays du Sud et singulièrement entre la France et l'Afrique francophone. Elle contribue ainsi à éviter la naissance d'un sentiment d'indifférence et éveille en particulier l'intérêt des jeunes pour l'Afrique. Ainsi, à l'initiative du conseil général des jeunes, cinquante collèges vendéens viennent de participer à une opération départementale de collecte de matériel scolaire destiné aux établissements scolaires du Bénin, en réponse aux demandes précises formulées par les établissements béninois.

À sa place, la coopération décentralisée, qui est à la portée de n'importe quel département, peut contribuer à remplacer par des mécanismes vertueux trois processus pervers qui viennent contrecarrer tout développement.

Le premier, c'est la captation des élites des pays en développement au profit des pays du Nord. Il y a davantage de médecins béninois dans la seule région Île-de-France que dans tout le Bénin ! Le Bénin ne tire donc aucun bénéfice pour son développement de l'effort de formation qu'il a pourtant supporté pour l'essentiel. Ainsi le Bénin, comme le Maroc, a-t-il créé un ministère chargé de s'occuper spécialement de ses ressortissants de l'étranger, pour tenter de faire revenir au pays les compétences expatriées, ou du moins les localiser.

Le deuxième processus pervers, c'est le phénomène d'exode rural qui, dans un premier temps, alimente la constitution d'un prolétariat urbain dans les grandes villes et souvent, dans un second temps, encourage l'impasse d'une émigration sans qualification principalement vers l'Europe.

Le troisième processus pervers tient aux chocs en retour de l'émigration : l'argent des expatriés engen-

Enrayer le déracinement

dre un assistanat et une dépendance qui n'incitent pas à une prise en main de leur destin par les populations. Ce processus transfère également vers les pays du Sud les types de consommation des pays du Nord. Ainsi, les sommes transférées sont utilisées pour acheter des biens importés, au lieu d'inciter à produire localement ce que l'on consomme. Ces sommes ne servent pas à développer l'investissement productif local. Ainsi, les jeunes Africains se détournent-ils des cultures vivrières comme le sorgho ou le mil, préférant acheter du riz thaïlandais. Or nous savons que l'agriculture est la cheville ouvrière du développement. C'est avec elle que s'amorce le cycle vertueux de l'épargne et de l'investissement.

80 % des immigrés qui arrivent en France viennent du monde francophone. C'est bien là qu'il convient de faire porter l'effort. La grande politique d'immigration zéro passe donc par une grande politique d'enracinement des forces vives des pays pauvres. Celles-ci constituent le véritable déclencheur du développement. À nous ensuite de concentrer notre effort de coopération auprès de ces acteurs décisifs, au lieu de le dilapider sans contrôle au bénéfice d'interlocuteurs sans visage. La réussite de cette politique suppose également que la France se batte pour que l'Organisation mondiale du commerce ne se comporte plus comme l'Organisation commerciale du monde, du monde des riches, l'Amérique et le Groupe de Cairns[1]. Pour faire en sorte que les pays pauvres ne

---

1. Il se compose de dix-sept pays : Afrique du Sud, Argentine, Australie, Bolivie, Brésil, Canada, Chili, Colombie, Costa Rica,

Enrayer le déracinement

soient plus sacrifiés au libre-échangisme mondial et qu'ils gardent ou retrouvent la liberté, dans le cadre de zones régionales de préférence commerciale, d'établir ou de maintenir leurs protections. Car, s'il n'y a plus d'écrans, si tous les prix de tous les produits sont mondialisés, sans cesse tirés vers le bas, comment peut-on envisager une seule seconde que le petit paysan togolais qui produit des cultures vivrières puisse résister à la concurrence des latifundiaires d'Australie ou du Brésil ? Cette politique de correction de la mondialisation et de codéveloppement à la source est en réalité souhaitée par les intéressés eux-mêmes. Lors de mon voyage au Bénin, en 2005, les journalistes qui m'accompagnaient ont noté cet accord profond, illustré par l'audience du président de la République ou par les propos des poids lourds de la politique béninoise, qui se sont déclarés « complètement en phase avec un discours fort en matière d'immigration. Les cerveaux du Bénin ne doivent plus s'installer en France, mais rester chez nous pour aider leurs compatriotes [...][1] ».

La France doit ouvrir la voie, montrer l'exemple aux puissants de ce monde. Le plan mondial « France-Francophonie » serait reçu dans la joie des cœurs par le monde entier, le monde des démunis, qui, bien souvent, choisit de parler notre langue, la langue française, la langue du « non-alignement », la langue des pauvres et de la Liberté.

Guatemala, Indonésie, Malaisie, Nouvelle-Zélande, Paraguay, Philippines, Thaïlande, Uruguay.

1. Déclaration d'Alain Adihon, ministre de la Formation professionnelle, citée par Guillaume Perrault, dans *Le Figaro*, 20 décembre 2005.

ant
XI

UNE POLITIQUE D'IMMIGRATION ZÉRO

Le processus d'islamisation de la société française s'alimente donc à trois courants majeurs : d'abord la reconnaissance progressive de la communauté islamique de France. Ensuite, le travail de contagion des missionnaires. Enfin, le mouvement démographique qui prend appui sur le différentiel de natalité et les nouvelles arrivées massives de populations. L'islam radical utilise les musulmans comme une armée de réserve, à la manière marxiste, comme une sorte de lumpenproletariat guidé de l'extérieur vers la Terre promise, promise à la conversion.

Si l'on veut enrayer cette menace, il faut d'abord contenir cette vague, qui s'enfle, chaque jour, de nos faiblesses. La première urgence aujourd'hui pour la société française consiste à décourager les millions de migrants, au nom même d'un principe moral supérieur : le droit de vivre là où est sa terre, là où sont ses racines, là où sont enterrés ses parents. Le déracinement est un arrachement contraire aux principes d'humanité les plus élémentaires. L'immigration porte la désespérance, elle brise les attachements vitaux. Pour beaucoup de migrants, partir, c'est se perdre, perdre la partie de soi-même la plus précieuse,

Une politique d'immigration zéro

perdre la plus grande richesse de toutes les pauvretés, son voisinage et son lignage.

Le malheur pour les riches est de se déshériter ; le malheur pour les pauvres est de se désaffilier, avec la misère insupportable et la famine qui fauchent les vies humaines. Il faut donc soigner la faim là-bas, faire pousser les cultures vivrières et faire jaillir l'eau là où elle dort, là où elle court.

Favoriser l'immigration, c'est participer à une œuvre de désordre ; la main sur le cœur, bien sûr, dans la posture compassionnelle de l'ouverture planétaire, on provoque les larmes de toutes les Margot du 20 heures ; mais, pendant ce temps-là, on fait couler la haine entre les peuples, entre les êtres humains.

La disparition des frontières ne prépare pas la paix mais la jungle. L'idéologie d'un « monde sans frontières » porte tous les malheurs publics : on accueille des bouches qu'on ne peut plus nourrir, on ouvre les bras sans pouvoir proposer d'abri, on tend une main fébrile qui se crispe sur le vide : quand nos usines ferment, on ouvre les frontières. Les immigrés viennent de loin chercher chez nous ce qui, chaque jour, au loin, part de chez nous : du travail. Alors la suspicion s'installe. Et beaucoup de citoyens français qui triment pour préparer l'avenir de leurs enfants finissent par se sentir étrangers dans leur propre pays.

Quant à la classe politique, favorable à la porte ouverte, elle se réfugie dans les agrégats statistiques. On soigne les effets des maux dont on chérit les causes. Parce qu'on ne veut pas prendre le risque de

Une politique d'immigration zéro

remonter à la cause des causes : l'effacement de nos frontières.

Par-delà leurs rodomontades, depuis quarante ans, les gouvernements successifs n'ont jamais eu le courage d'endiguer la lame de fond.

Les chiffres sont là, maquillés, occultés, hors d'atteinte du grand public, mais incontestables et terrifiants. Le nombre de titres de séjour délivrés, ouvrant droit à une résidence en France, a augmenté d'environ 80 % au cours des dix dernières années.

Et la France, aujourd'hui en situation de banqueroute, qui n'est même plus capable d'assurer le gîte, le couvert et la subsistance aux citoyens français, est devenue le refuge inespéré des migrants de la planète ; on s'y donne rendez-vous depuis les quatre coins du monde ; on s'y transporte pour accoucher gratuitement avant de repartir chez soi ; on y vient s'inscrire pour toucher le « minimum vieillesse » sous les tropiques ; on y accourt pour se faire soigner depuis les cinq continents ; on y installe la tribu polygame pour toucher les allocations familiales. On y vient chercher l'asile pour y trouver refuge. Bref, on s'y donne rendez-vous depuis le soleil levant jusqu'au soleil couchant, on y dépose son rêve de fortune depuis l'Équateur ou le golfe de Guinée. La France est devenue une sorte de caravansérail où vivent trop de pensionnés qui ne réussissent jamais, on le sait bien, à s'intégrer. Le temps des Trente Glorieuses est bien loin.

On est passé de cent vingt-cinq mille entrées de migrants réguliers en 1995, à deux cent dix-sept mille en 2003. Le nombre des demandeurs d'asile est par

Une politique d'immigration zéro

ailleurs en augmentation rapide sur les mêmes années. De vingt mille en 1997, il est passé à soixante-cinq mille en 2004. Au total, en additionnant les chiffres de l'immigration régulière et des demandeurs d'asile, on approche les trois cent mille. Il faudrait rajouter aux entrées régulières les entrées des clandestins dont on ignore par définition le nombre mais dont on pressent qu'ils sont très nombreux, puisqu'on sait qu'il y a chaque année environ cent mille interpellations par la police.

Cette augmentation provient aussi bien de l'immigration régulière que de l'asile et de l'immigration illégale. Avec les accélérateurs suivants : d'abord le détournement des visas de tourisme qui sont au nombre de deux millions par an. Beaucoup de migrants auxquels les consulats accordent des visas de court séjour touristique, valides trois mois, en profitent ensuite pour rester dans l'illégalité en France. Puis les entrées illégales par les frontières intérieures européennes, depuis la levée des contrôles et l'application du « système Schengen » : la moitié environ des migrants clandestins entrent par les frontières nationales, privées de tout contrôle, alors qu'il n'existe aucune frontière européenne crédible et efficace, contrairement à ce que prévoyait la convention de Schengen.

Bien sûr, il y a le détournement massif du droit d'asile depuis la réforme de 1998 : en 2003, quatre-vingt-deux mille personnes, entrées avec un visa de tourisme ou clandestinement, ont demandé l'asile en France. Dès lors, elles ont obtenu le droit de rester en France, de bénéficier d'une autorisation provisoire de séjour, d'une allocation d'insertion, tant que leur dossier n'a pas été examiné par l'Ofpra (Office français

Une politique d'immigration zéro

de protection des réfugiés et apatrides). Ensuite, une fois déboutées du droit d'asile, ces personnes ne repartent presque jamais comme la loi les y oblige pourtant ; elles attendent d'être régularisées. Nos gouvernants ne parviennent pas à surmonter les difficultés de la « reconduite à la frontière » : seul un tiers des décisions d'éloignement prononcées par les préfets sont effectivement appliquées, soit quinze mille par an en 2004, ce qui est très faible par rapport au flux entrant.

L'accroissement des immigrés clandestins se fait sentir depuis très peu de temps jusqu'en Vendée, un département jusqu'ici préservé.

Les chiffres sont édifiants. En 2003, les crédits consacrés par la préfecture de Vendée à l'accueil des clandestins atteignaient quatre cent mille euros. Deux ans après, ces crédits ont été multipliés par plus de trois, et, en 2005, c'est un million quatre cent mille euros que la préfecture de Vendée aura dû consacrer à l'accueil des étrangers en situation irrégulière ou des demandeurs d'asile.

Ce un million quatre cent mille euros est utilisé pour prendre en charge intégralement ces immigrés. Dès qu'ils arrivent sur le territoire, ils sont nourris, logés à l'hôtel, ou dans des appartements mis à leur disposition, et perçoivent un pécule. L'explosion de ce dispositif dans un département aussi calme que la Vendée traduit l'ampleur du phénomène. Qui paie le pécule et l'hôtel ? Le contribuable français.

Au cours d'un colloque scientifique récent[1], l'Insti-

---

1. Organisé, à l'initiative de Yves-Marie Laulan, par la Fondation Singer-Polignac. Avec la participation des professeurs Jacques Bichot, Gérard Lafay, Jacques Dupâquier.

Une politique d'immigration zéro

tut de géopolitique des populations a exploré pour la première fois le maquis des coûts budgétaires de l'immigration. Le président de cet institut, Yves-Marie Laulan, estime le coût total de l'immigration et de l'intégration (éducation, formation professionnelle, logement, santé, lutte contre la délinquance, maintien de la sécurité, etc.) à trente-six milliards d'euros par an. Soit 80 % du déficit public du budget de l'État, 13,5 % des dépenses publiques, trois fois et demie le « trou » de la Sécurité sociale, deux fois le budget de la Recherche et de l'Enseignement supérieur, 87 % du budget de la Défense...

Alors, que peut-on faire ? Mettre en œuvre une vraie rupture, avec une politique d'immigration zéro accompagnant la politique d'émigration zéro souhaitée par les pays pauvres. Cette politique énergique repose sur deux impératifs :

Le premier, c'est le rétablissement des frontières nationales, abolies en 1995, par application du traité de Schengen. Les frontières, supprimées à l'extérieur, se sont reconstituées à l'intérieur, avec un bon millier de cités interdites. Un pays qui n'a plus de frontières n'a plus de territoire sous contrôle. Quand l'Espagne régularise cinq cent mille clandestins, que peut faire la France, au moment où les clandestins régularisés décident de remonter vers le nord et de s'installer chez nous ? Lorsque le ministre de l'Intérieur annonce une augmentation des « reconduites à la frontière », la réalité se dérobe : à quelle frontière reconduit-on les clandestins, puisqu'il n'y en a plus ? Il n'est pas étonnant qu'on les retrouve chez nous dès le lendemain.

Une politique d'immigration zéro

Rétablir nos frontières, cela veut dire rétablir les contrôles fixes, en appliquant immédiatement la « clause de sauvegarde » de Schengen, en particulier pour les frontières avec l'Espagne et l'Italie afin d'empêcher les migrants clandestins d'entrer. Cette clause a été utilisée à plusieurs reprises récemment : par la France, en juin 2003, pour protéger, à l'occasion du sommet d'Évian, les dirigeants des huit plus grandes puissances mondiales de la planète, le G 8 ; puis par l'Espagne, en mai 2004, pour protéger les festivités d'un mariage princier ; enfin par le Portugal, en juin 2004, pour mettre à l'abri le déroulement du championnat d'Europe de football ! Cette clause de sauvegarde qui sert à protéger les hauts dirigeants de la planète, les infants et les footballeurs, ne pourrait-on pas l'utiliser pour protéger le peuple français ?

Naturellement, nous ne pourrons pas durablement rétablir des contrôles tant que nous n'aurons pas récupéré les pouvoirs perdus de la République. Si nos gouvernants font silence, aujourd'hui, sur la question des frontières et s'ils en restent en général au stade de la gesticulation sur les questions d'immigration, c'est parce qu'ils savent pertinemment qu'ils n'ont plus le pouvoir. Les traités de Nice et d'Amsterdam ont transféré l'essentiel de nos compétences à Bruxelles : la Commission a le monopole du droit d'initiative depuis le 1er mai 2004 ; elle seule peut présenter des projets de règlements ou de directives. En matière d'asile et de lutte contre l'immigration illégale, les décisions sont prises à la majorité qualifiée depuis le 1er janvier 2005. Les États ont donc perdu leur droit de veto. Les décisions peuvent être prises contre leur gré, ce qui

Une politique d'immigration zéro

signifie qu'ils ne disposent plus de la maîtrise de leur politique d'asile et de lutte contre l'immigration illégale.

Il n'est pas interdit aux gouvernements de légiférer dans ces domaines, d'entreprendre des réformes. Cependant, leur politique est désormais conditionnée par des décisions concoctées à Bruxelles, préparées par la Commission, adoptées ensuite par le Parlement européen et par le Conseil des ministres à la majorité qualifiée. Toute politique nationale d'immigration est donc vouée à disparaître.

Le second impératif d'une politique d'immigration zéro consiste à rendre le voyage inutile ; c'est-à-dire à confisquer les clés d'accès au paradis social français, en coupant les principales vannes d'entrée : il faut mettre fin aux privilèges exorbitants des migrants illégaux ; aujourd'hui, ils ont tous les droits, de l'inscription automatique de leurs enfants à l'école jusqu'aux soins gratuits sans ticket modérateur. Il convient de leur supprimer tous ces droits indus. En tant que président du conseil général de la Vendée, j'ai été surpris d'apprendre que la plupart des départements servaient des allocations mensuelles d'aide sociale aux étrangers en situation irrégulière. Pour ce qui le concerne, le conseil général de la Vendée refuse d'accorder aux étrangers en situation irrégulière le bénéfice de ces aides. Elles ont été créées à l'origine pour aider les familles françaises en difficulté à élever leurs enfants. Elles sont aujourd'hui détournées de leur affectation, ce qui doit cesser.

Une politique d'immigration zéro

Par ailleurs, il est urgent de réformer profondément notre système d'asile pour faire en sorte que les demandeurs d'asile, comme en Belgique, aux Pays-Bas, au Royaume-Uni ou en Allemagne, soient assignés à résidence pendant l'examen de leur demande, qui doit se dérouler sur deux semaines maximum, et aussitôt expulsés quand il apparaît – dans 80 % des cas – qu'ils ne font en réalité l'objet d'aucune persécution dans leur pays. La troisième vanne d'accès au paradis social est la plus importante : c'est le regroupement familial. Il ne s'agit pas de le rendre plus difficile, mieux contrôlé ; il s'agit d'y mettre fin. Car c'est la première source d'immigration régulière en France. Sur les deux cent dix-sept mille migrants réguliers enregistrés en 2003, environ cent mille sont entrés sur la base d'un motif familial.

L'immigration familiale est composée de deux vagues : d'abord celle des cinquante mille étrangers qui entrent en France à la suite d'un mariage avec un Français ; ensuite, celle des cinquante mille étrangers qui entrent en France pour rejoindre leur conjoint, lui-même de nationalité étrangère, sur le territoire français.

Il faut mettre fin d'urgence à la fraude au mariage quand celui-ci est destiné à obtenir un titre de séjour. Il convient par ailleurs d'interdire le mariage d'un étranger en situation illégale sur le territoire français, et de supprimer le lien automatique entre le mariage avec un Français et l'acquisition de la nationalité française.

Quand l'étranger en France fait venir son conjoint et ses enfants, une réforme législative s'avère indispensable, qui mettrait fin au principe du regroupement familial. La France ne porterait pas atteinte à la vie

Une politique d'immigration zéro

familiale, mais considérerait que celle-ci peut s'effectuer dans le pays d'origine.

Enfin, il est urgent de réformer le droit du sol. On ne doit plus considérer ce sujet comme tabou. Il est vital pour l'avenir de notre pays, pour sa démographie, sa stabilité, sa cohésion, son identité.

L'accès à la nationalité française ne doit plus être automatique, mais passer à travers un double filtre. Pour devenir français, il faut en exprimer la volonté. C'est un acte grave, d'une portée considérable. C'est la moindre des choses, du point de vue du respect de la liberté individuelle, que de demander aux personnes leur accord avant de leur reconnaître la nationalité française. Il faut même aller au-delà : mettre en place un serment solennel, par lequel la personne qui devient française s'engage à aimer profondément son pays, à respecter ses lois et ses valeurs.

Et puis, pour devenir français, il faut le mériter, prouver son attachement réel à notre pays, ses valeurs, sa Constitution. Je propose donc que l'accès au droit à la nationalité ne soit jamais automatique mais soit soumis à plusieurs conditions : l'absence totale d'infractions commises, le respect rigoureux de l'ordre public et des lois de la République, la connaissance de notre langue, etc. Aux États-Unis, les candidats à l'acquisition de la nationalité doivent prêter serment à la Constitution, parler, écrire et lire l'anglais courant et connaître l'histoire des États-Unis. La prestation du serment commence par ces mots : « Je déclare, sous serment, que je renonce et que j'abjure entièrement et complètement toute allégeance et toute fidélité à quelque prince, potentat, État ou souveraineté étranger que ce soit, desquels j'ai jusqu'à présent été sujet ou citoyen ; que je soutiendrai et défendrai la Constitution et les lois des États-Unis contre tout ennemi étranger ou intérieur, etc. »

Pour ce qui concerne l'accès à la nationalité par déclaration à la suite d'un mariage, cette pratique est aujourd'hui dévoyée : elle favorise les mariages de complaisance, les mariages forcés et (indirectement) la polygamie pour obtenir la nationalité française. Le nombre des mariages mixtes a doublé en cinq ans : de vingt-cinq mille en 1998, il est passé à cinquante mille en 2004, ce qui est paradoxal au moment où le nombre des mariages est en baisse. En réalité, le mariage est devenu un moyen d'obtenir la nationalité française. Il faut y mettre fin.

Être français, ce n'est pas un droit, c'est un honneur. La nationalité doit être reçue comme un événement et non pas comme une carte Vitale. La France ne peut se penser comme une mosaïque, un agrégat. Elle est un récit commun.

« La France, ce n'est pas l'addition des mémoires particulières. Chaque homme y a sa place avec son histoire, mais chacun doit désirer une identité supérieure à la sienne, qui la transcende sans l'annuler. C'est un désir de nation. Ce qu'il faut, c'est essayer de redonner à tous le désir d'être français[1]. »

Désirer « être français », c'est désirer partager ce qui est commun aux Français. Pour cela, il faut connaître l'histoire de France et accepter d'embrasser son passé. Ceux qui prétendaient faire entrer les

---

1. Max Gallo, *Fier d'être français*, Fayard, 2006.

Une politique d'immigration zéro

nations dans un univers internationaliste communiste chantaient « Du passé faisons table rase... ». Le sursaut des nations d'Europe de l'Est, derrière Jean-Paul II et Alexandre Soljenitsyne, a montré ce que pesaient ces illusions. Aujourd'hui, ceux qui entendent dissoudre la civilisation occidentale nous invitent à crier avec eux « Du passé faisons repentance... ». Il nous appartient de leur faire remiser leurs prétentions et de remettre la France à l'honneur, de rendre à nos compatriotes le *désir de la France*.

XII

LA CHARIA OU LA RÉPUBLIQUE

Même si, en amont et en aval on réussit à stopper les flux on n'aura réglé que la moitié du problème, celle qui concerne l'avenir. L'autre moitié, celle qui concerne le passé, c'est l'agrégation de ces nombreux immigrés, souvent jeunes, et qui sont de nationalité française. Certains aiment la France. D'autres la rejettent. Les premiers s'exercent à trouver chez nous de nouvelles racines, à accommoder leurs repères à leur nouvel horizon. Les seconds se laissent glisser dans une sorte de « nulle part » où ils vivent l'idée française comme une aliénation insupportable. Alors, la question est simple : comment trouver le bon amalgame ? quel est donc le bon modèle pour garantir la paix civile ?

Est-ce le modèle de l'« intégration » ? « En une année, les trois modèles d'intégration européens des étrangers ont été laminés. Balayés. Le néerlandais avec l'assassinat d'un célèbre réalisateur de télévision par un islamiste ; l'anglais avec les attentats de Londres, en juillet, par des terroristes britanniques d'origine pakistanaise. Le français a flambé dans les banlieues [1]. »

---
1. Éric Zemmour, dans *Le Figaro*, 23 novembre 2005.

La charia ou la République

L'intégration, c'est quand un étranger qui s'installe chez nous vit comme chez lui. L'assimilation, c'est quand un étranger qui vient d'ailleurs vit comme chez nous.

L'« intégration » est un chemin de traverse qui mène à toutes les amertumes : le migrant n'est plus tout à fait du pays d'où il vient, il ne sera jamais tout à fait du pays où il s'est établi ; il se retrouve à mi-chemin de ses souvenirs et de son destin. Si, dans les années d'avant-guerre, on avait appliqué ce soi-disant modèle aux Polonais et aux Portugais, on aurait aujourd'hui un puzzle de nostalgies polonaises et portugaises. Depuis quarante ans, la France a abandonné le modèle de l'« assimilation nationale », pour y substituer le modèle de l'« intégration anationale ».

Or, cette fameuse « intégration à la française » a échoué.

La tradition nationale et républicaine, c'est l'assimilation : celle-ci implique que les immigrés sont appelés à devenir français complètement, eux et leurs enfants, à adopter notre langue, nos mœurs, nos valeurs, notre culture et à se reconnaître dans notre histoire, au lieu de former des petites nations sur notre territoire. Elle signifie que, si nous sommes heureux d'accueillir des individus qui aiment la France, nous ne souhaitons pas installer sur notre sol des blocs de population détachés du tiers-monde.

Le principe de l'intégration repose sur le droit à la différence, qui s'épanouit finalement en un droit à la dissidence. Au contraire, le principe de l'assimilation répond à une politique généreuse, puisqu'elle propose aux immigrés d'entrer dans la communauté nationale, où ils seront des Français comme les autres : c'est le droit à la ressemblance ! Le problème est par-

La charia ou la République

tout le même. L'archevêque d'York, en Angleterre, a très bien résumé ce que des années de capitulation peuvent produire : « Le multiculturalisme a permis aux autres cultures de s'exprimer, mais il a empêché la culture de la majorité de s'exprimer, d'exprimer ses victoires, ses combats, ses joies, ses souffrances [1]. »

L'enjeu est capital : la France va-t-elle devenir un espace multiculturel mondialisé, ou demeurer une nation, unie autour d'un héritage partagé et tendue vers la promesse d'un destin commun ? Toujours et partout, les sociétés multiculturelles se muent en sociétés multiconflictuelles, multiconfusionnelles, elles débouchent sur des guerres intestines qui, souvent, tournent mal.

Ce n'est donc pas à la France de s'intégrer à l'islam mais aux musulmans de s'intégrer à elle. L'assimilation est le principe cardinal qui a permis à notre pays, durant un siècle, de s'enrichir d'apports divers, sans sacrifier son identité ni perdre son unité.

Tout le problème, aujourd'hui, est d'assimiler des vagues d'immigrés qui viennent d'une autre civilisation. Quand il ne s'agissait, jadis, avec les Polonais, les Arméniens ou les Portugais, de ne changer que de terre, de langue ou de climat, l'assimilation était possible. Mais quand il s'agit de changer d'univers, l'alchimie s'opère plus difficilement. Je me souviens d'une conversation avec Alain Peyrefitte, lequel me rapportait une déclaration de de Gaulle qui figure dans l'un de ses ouvrages [2]. Aujourd'hui, elle enverrait tout droit

---
1. Cité par Jérôme Rivière, dans *Le Figaro*, 29 décembre 2005.
2. Alain Peyrefitte, *C'était de Gaulle*, Fayard-de Fallois, 1994, t. I.

La charia ou la République

le fondateur de la France libre devant un tribunal : « C'est très bien qu'il y ait des Français jaunes, des Français noirs, des Français bruns. Ils montrent que la France est ouverte à toutes les races et qu'elle a une vocation universelle. Mais à condition qu'ils restent une petite minorité. Sinon, la France ne serait plus la France. Nous sommes quand même avant tout un peuple européen, de culture grecque et latine et de religion chrétienne. Qu'on ne nous raconte pas d'histoires ! Les musulmans, vous êtes allés les voir ? Vous les avez regardés, avec leurs turbans et leurs djellabas ? Vous voyez bien que ce ne sont pas des Français ! Ceux qui prônent l'intégration ont une cervelle de colibri, même s'ils sont très savants. Essayez d'intégrer de l'huile et du vinaigre. Agitez la bouteille. Au bout d'un moment, ils se sépareront de nouveau. Les Arabes sont des Arabes, les Français sont des Français. »

Si nous choisissons de ne pas laisser à l'extérieur de la communauté nationale des enclos multiples de populations transplantées et qui forment chez nous des bouts de Sahara, des appendices d'Afrique, des miniatures du Maghreb, il n'y a qu'une voie possible, mais qui passe par un formidable effort de dépouillement des anciennes identités : cette voie, c'est la francisation. On intègre des peuples, on francise des individus. En proposant à ceux qui ne repartiront jamais chez eux de participer au plus profond d'eux-mêmes, dans une harmonie nouvelle, à notre histoire commune et de partager, dans leur for intime, nos mots, nos héritages et nos rêves tramés dans l'étoffe des mêmes songes.

La francisation suppose un double effort. D'un côté, un effort pour aimer la France, de l'autre côté, un effort pour qu'elle soit aimable.

La charia ou la République

Une démographe non conformiste et lucide, Michèle Tribalat, l'a dit avec force : « D'abord, il faut faire envie, on ne peut exiger des immigrés et des descendants d'immigrés qu'ils deviennent un peu comme nous, lorsque ce que nous sommes, ce que nous avons accompli dans l'Histoire nous fait à ce point horreur. Pourquoi auraient-ils envie de s'identifier à un pays que l'on défigure en le présentant comme une collection de salauds ? L'assimilation exige que l'on s'aime. Le modèle assimilationniste peut difficilement survivre à la disparition à peu près générale du patriotisme. Il est condamné lorsque celle-ci se double d'un désamour pour la France. On ne peut faire aimer un pays que l'on a cessé d'aimer soi-même. Voilà ce qui nous revient dans la figure ces derniers temps[1]. »

Comment ce double effort – s'aimer et aimer la France – peut-il se décliner ? Pour rendre la France aimable, il faut d'abord faire aimer sa parole, la faire entendre. Or notre État est si faible qu'il n'a plus de verbe. Son autorité est illisible, ses ordres et contrordres incompréhensibles. Une parole, c'est un langage clair qui sied à l'hermine des justes et à la toge des augustes. Ce qui compose l'autorité régalienne.

L'assimilation réussie des banlieues passera par trois étapes : d'abord il faut rétablir l'ordre, investir durablement les enclaves qui échappent au droit de la République ; et reprendre le pouvoir aujourd'hui partagé, dans ces espaces de sédition, entre les caïds, les bandes antifrançaises et les barbus. Il ne faut pas hésiter à prononcer la déchéance de la nationalité française[2] pour les délinquants et rétablir la prétendue « double peine » supprimée par Nicolas Sarkozy.

---
1. Michèle Tribalat, *La République et l'islam, op. cit.*
2. Proposition de loi de J.-P. Garraud, député de la Gironde, décembre 2005.

La charia ou la République

Ensuite, il faut imposer partout la culture de l'effort, plutôt que celle de l'excuse ; aujourd'hui, nous vivons dans l'inversion du sens commun : au lieu d'être outragés par le scandale des écoles incendiées, on pontifie sur le désespoir des incendiaires ! Il faut revenir au bon sens populaire. Un chauffeur de taxi polonais me disait récemment : « Moi, quand je suis arrivé en France, j'ai travaillé jour et nuit pour me faire une place. Personne ne m'a aidé. Je me suis débrouillé tout seul. Et j'en suis fier. »

Enfin, il faut imposer la francité là où s'étend le communautarisme islamique. Être français, c'est accepter un héritage, c'est-à-dire une langue, une histoire et un mode de vie. C'est pourquoi la nationalité ne doit plus être distribuée comme une carte grise.

Chacun doit être libre de sa foi, de son culte, de sa tradition spirituelle. Mais il n'est pas question d'envahir la cité de coutumes qui, au XXIe siècle, choquent légitimement nos concitoyens : polygamie, aménagement des horaires pour les prières et le jeûne de ramadan, abattage des animaux par égorgement sans l'étourdissement préalable exigé par la loi française, etc.

Puisque la France n'a pas vocation à devenir une terre d'islam, il faut abroger toutes les décisions qui l'érigent en religion d'État : la dissolution du Conseil français du culte musulman est, de ce point de vue, une urgence symbolique.

Toute construction de mosquée sera donc soumise à des conditions draconiennes. Il suffit de proposer le parallélisme des formes avec les pays d'islam. Les clochers d'églises, en Turquie, semblent choquer R. Erdogan, beaucoup plus que les minarets ne choquent notre cléricature. Il n'est pas question, contrairement à la proposition de Nicolas Sarkozy, que les contribuables français soient appelés à financer les constructions de mosquées ou les études supérieures des imams à l'université. Il suffit, pour cela, d'aligner le statut des mosquées sur celui des églises et des synagogues. C'est aux fidèles et aux paroissiens de prendre en charge les nouvelles constructions, par une application stricte et incontestable de la loi de 1905. Il ne faut pas faire de l'islam une privilégiature sous prétexte qu'on vit sous la menace d'une nouvelle flambée, qu'on a peur d'apparaître comme islamophobe, etc. Il est urgent de stopper le processus d'islamisation de la société française en imposant nos valeurs et nos traditions. Mais, surtout, il est temps de cesser d'avoir honte et d'avoir peur.

Rendre la France aimable, c'est enfin ne plus céder à l'exercice permanent de l'autoflagellation. Non, la France n'est pas un pays raciste. Et, s'il y a eu du racisme dans la « guerre des banlieues », il n'est pas venu du côté français. Ce qui, à coup sûr, se développe partout, c'est la *francophobie* et le racisme antifrançais. Et le nouvel antisémitisme qui monte à l'horizon vient des banlieues. Les Français cèdent à la tentation de relire leur voisinage à l'aune de ce climat délétère de suspicion, qui nourrit un racisme à géométrie variable : si un « Gaulois » gifle un Noir, « c'est un acte raciste » ; si un Black brûle la voiture d'un Blanc, on appelle ça « l'expression d'un malaise » ; quand un tag écrit sur un mur « nique la France ! », il s'agit – nous dit-on – d'une audace artistique. Et quand se constitue une Fédération des Noirs de France, on y voit un « rassemblement culturel », alors qu'il s'agit d'un rassemblement ethnique qui se définit par la race ; comme

La charia ou la République

si on pouvait construire une identité française contre la France ! En réalité, la xénophobie et la xénomanie, toutes deux condamnables, s'appellent mutuellement. La première, c'est la *haine de l'autre*; la seconde, c'est la *haine de soi*.

Trop souvent, à notre époque, le respect des êtres et des nations fait place à l'obsession du multiculturalisme universel qui, sous le couvert fallacieux d'unité, d'effacement des frontières, sous le coup d'une pulsion fusionnelle hâtivement baptisée « amour de l'humanité », feint de croire les êtres interchangeables, les hommes détachés de tous liens venus de l'histoire, de la civilisation, du groupe ou de la tribu et va jusqu'à cette folie consistant à s'oublier soi-même et par là se nier et se détruire.

L'amour est d'abord celui de ce premier cercle de solidarités qu'est la famille, le pays, la nation – étape indispensable par quoi passe le sentiment de solidarité avec tous les autres hommes. Charité bien ordonnée, nous devrions le savoir, commence par soi-même et celui qui n'est plus rien ne peut rien pour les autres. Il en va ainsi des individus comme des nations. Depuis plusieurs décennies, la France est ainsi dominée par une étrange honte d'être elle-même, par une préférence générale pour ce qui n'est pas elle-même, pour ce qui est lointain.

Cette xénomanie se présente sous la forme de l'altruisme le plus officiel : il s'agit d'offrir au monde qui nous juge une France rancie, moisie, tachée de mille bassesses, pour que personne ne soit tenté de l'aimer autrement que comme une plate-forme d'intérêts et de droits universels. Les beaux esprits s'y emploient

La charia ou la République

en réécrivant notre histoire pour donner du relief aux flétrissures, effacer les pages de lumière qui pourraient tramer quelque songe. Ce sont les mêmes qui s'obstinent à parler anglais à n'importe quelle occasion, dans les forums, les colloques, sur la place publique, sur le territoire national, car il s'agit de se montrer « moderne », pérégrin, ouvert, voyageur, *mondialisé*. On réserve la langue française aux usages personnels et domestiques, quand on est « en province », comme on dit.

On finit par accorder aux étrangers non seulement un droit d'inventaire sur notre propre histoire, mais aussi une palette d'avantages supérieurs à ceux du commun des citoyens français, créant ainsi des désordres sans nom, sans fin mais non sans prix.

Peu à peu, on anéantit les défenses immunitaires du peuple français, en le condamnant à la pénitence perpétuelle. Jusqu'à ce stade du dégoût où ledit peuple se fera horreur à lui-même. Il suffit de répandre du sarin sur les cénotaphes de nos gloires passées, de traiter notre histoire nationale à l'acide botulique, de débusquer les fiertés confinées pour les réputer abjectes, de fêter les défaites et non plus les victoires et de promener, au-dessus du cortège de nos morts, la torchère vacillante et suintant de haine des ombres immenses et lugubres de la honte.

Il s'agit d'apprendre, très jeune, le maniement de la haine de soi. Apprendre à haïr, à se haïr ; apprendre la honte, apprendre à avoir honte de soi-même, de ce qu'on est, de ce qu'on a été, de tout ce qu'on a reçu, de tout ce qu'on a donné, avoir honte de la France et battre sa coulpe en place de Grève. Et puis, bien sûr, réparer, effacer, en érigeant des monuments à la haine de soi. Remplacer les arcs de triomphe par

La charia ou la République

des arcs de la honte. Laisser se consumer en soi les braises du souvenir de nos héros anonymes, ouvrir le catafalque odieux de nos malfaisances. Passer aux aveux et oser ranimer chaque matin la flamme tricolore du « salaud inconnu », celui qui a torturé, collaboré, colonisé.

Tous des négriers. Tous des tortionnaires, tous des monstres. Tous des coupables reçus comme tels devant le tribunal de l'Histoire universelle. Les historiens eux-mêmes travaillent désormais sous la menace des juges.

La stigmatisation de la France et l'islamisation des esprits sont deux phénomènes siamois qui se développent simultanément. Nos enfants regardent ébahis un pays effondré sur lui-même, qui se laisse attaquer de toutes parts et accepte avec jubilation un triple changement de peuplement, de culture et de système de valeurs.

La France est en danger de disparition. On efface, d'un vigoureux coup de gomme, tout ce qui peut rappeler aux Français – ou leur apprendre – qu'ils appartiennent à un grand pays, à l'un des plus anciens États-nations du monde, doté d'une histoire riche et belle, où brillent des figures d'exception et des événements exaltants. Ce passé glorieux est gênant pour ceux qui veulent faire sortir la France de l'Histoire, et des pages immortelles doivent impérativement être déchirées pour permettre d'éliminer jusqu'au souvenir de ce que fut notre pays dans la longue coulée des siècles. Plus de la moitié des grandes inventions sur lesquelles vit la planète depuis près de deux siècles sont d'ori-

La charia ou la République

gine française, de la photographie à la carte à puce *via* le cinéma. Qui ose le dire ?

Des millions de Français se sont étonnés du silence tonitruant qui a entouré le deux centième anniversaire de l'un des moments les plus splendides de l'histoire de France, en décembre 2005. La bataille d'Austerlitz est en effet un événement historico-militaire connu et admiré dans le monde entier et qui a fait l'objet de milliers d'ouvrages d'historiens, de politologues ou de stratèges. Elle a inspiré écrivains et artistes, galvanisé des générations entières en France et sur toute la planète. Elle est étudiée aujourd'hui encore dans toutes les écoles militaires. Elle fait partie de la mémoire collective universelle. Elle est la marque du génie de Napoléon, mais aussi et peut-être surtout du génie français, de l'héroïsme et de l'allant de nos soldats au service de la patrie. Il semblait aller de soi que le 2 décembre 2005 serait l'occasion de commémorations grandioses, de colloques universitaires, de défilés militaires, d'émissions philatéliques, de grand-messes télévisées, que Goude et Decouflé allaient reprendre du service sur fond de bonnets à poil et de « Marche de Marengo ».

Que croyez-vous qu'il se passât pour ce bicentenaire d'exception ? Rien. Absolument rien. Austerlitz ? Connais pas ! Il a suffi qu'un historien de seconde zone en mal de publicité accuse Napoléon d'être le précurseur de Hitler pour que l'une des plus belles victoires françaises passe à la trappe. Affolés, le président de la République et son Premier ministre – qui avait assis sa réputation sur son admiration pour Napoléon, à propos duquel il avait signé un livre sur les Cent-Jours – s'empressèrent de boycotter une manifestation organisée quasi en cachette aux Invalides, tan-

La charia ou la République

dis que la ministre de la Défense brillait par son absence à la traditionnelle cérémonie des saints-cyriens, remplacée par son collègue du Budget : on attendait Alliot-Marie, ce fut Copé ! Un symbole des temps, sans doute : quoi de plus emblématique que d'envoyer à de jeunes élèves officiers celui qui se charge de tailler dans les crédits de la Défense ?

Les étrangers n'ont pas de ces pudeurs. En juin 2005, les Britanniques fêtèrent, avec un faste dont ils ont le secret, le bicentenaire de Trafalgar, leur plus grande victoire navale, remportée sur une flotte franco-espagnole. Rien que de très naturel. Mais le comble c'est que le gouvernement français jugea utile de se faire représenter à l'anniversaire de ce désastre de la marine française – c'est de ce funeste 18 juin que date la cravate noire que portent les officiers de la Royale – par le porte-avions nucléaire *Charles-de-Gaulle*, le fleuron de notre flotte. Tragédie ou farce ?

Combien de marins français se sont sentis humiliés d'avoir eu à « jouer Trafalgar » pendant que leurs frères fantassins et cavaliers ne pouvaient « jouer Austerlitz » ?

Ce coup de chiffon, cette autoflagellation n'est pas le fruit du hasard. Depuis quelques décennies, on s'acharne à renier les hommes, les événements, les sources d'inspiration, les chefs-d'œuvre littéraires et artistiques, les réalisations qui ont fait la France depuis vingt siècles, à dénigrer ce qui fit le rayonnement de notre pays sur les cinq continents.

Cela fait belle lurette que les images de notre histoire ont disparu des pages des manuels scolaires de nos enfants, tout ce qui était de nature à enflammer leur cœur et leur imagination.

L'enseignement de l'Histoire est rogné d'année en

année dans les programmes scolaires du primaire et du secondaire, tout comme l'étude des auteurs classiques qui ont façonné l'Europe intellectuelle pendant des siècles et fait rayonner la culture française dans le monde entier.

Alors que tant de nos voisins, dont bon nombre n'ont pas une histoire aussi brillante que la nôtre, célèbrent avec fierté leur passé, en France, l'heure est au remords, à la flétrissure et à l'oubli. Remords obligatoire et à sens unique, oubli forcé, alors que jamais peut-être les Français n'ont été aussi avides de récits et de spectacles sur leur histoire, aussi férus de généalogie et de recherches sur leurs ancêtres.

Ce serait le prix à payer pour entrer dans « la modernité », celle de la globalisation mondialiste et du « meilleur des mondes » huxleyen. Il faut faire honte aux Français de leur histoire, afin de les intégrer dans une Europe sans passé ni identité, élargie à des pays qui, comme la Turquie, n'ont aucune racine commune avec la civilisation européenne, afin aussi de les obliger à se résigner au multiculturalisme, au communautarisme.

Trop souvent, Éducation nationale, médias, intelligentsia conjuguent leurs efforts en ce sens. Les jeunes Français ne sont plus élevés dans la fierté de leur pays, ils ne savent plus ou n'ont jamais su qu'ils ont un passé collectif riche et exaltant.

Cette démarche est largement responsable du désengagement civique des jeunes Français, de la montée de l'individualisme et du corporatisme qui bafouent toute solidarité nationale et empêchent toute réforme de fond.

Comment en effet prétendre intégrer des populations si étrangères à nos usages, à nos modes de pen-

La charia ou la République

sée, à l'esprit de nos institutions si l'on n'a pas de modèle à leur proposer, un modèle exaltant et glorieux ?

Toute la difficulté consiste à rendre compatible l'islam avec la République.
Or les incompatibilités sont nombreuses et les différences abyssales, notamment dans trois domaines qui sont les trois termes de notre devise : la démocratie avec les mots « Liberté, Égalité, Fraternité » va à l'encontre de la philosophie qui sous-tend l'islam. « Dans ses textes fondateurs, l'islam est contre l'*égalité* : le droit musulman est profondément inégalitaire ; le musulman est au-dessus du non-musulman, le croyant est au-dessus de l'athée, l'homme au-dessus de la femme, l'homme libre au-dessus de l'esclave. Le droit musulman est contre la *liberté* ; il est interdit de sortir de l'islam, de changer de religion, sous peine de mort, il n'y a pas de liberté de comportement. Enfin, il n'y a pas de *fraternité* au sens occidental : le musulman est le frère du croyant musulman. Il ne se sent pas le frère du chrétien, le frère du juif, encore moins le frère de l'athée, de l'impie [1]. »
La partie « politique » de la religion islamique est, de surcroît, incompatible avec toutes nos constructions juridiques. Le statut de la femme prévu dans le Coran est fondé sur une infériorité définitive : infériorité devant l'institution du mariage, avec la répudiation, la flagellation pour adultère, la polygamie, l'autorisation donnée au mari de frapper sa femme ;

---

1. Anne-Marie Delcambre, *L'Islam des interdits*, Desclée de Brouwer, 2003.

La charia ou la République

infériorité devant l'institution de la justice, puisque, pour le témoignage comme pour l'héritage, la femme vaut exactement... la moitié d'un homme.

Les règles pénales prévues par le Coran n'ont rien à voir avec notre droit pénal, depuis l'amputation pour vol jusqu'à l'application de la loi du talion.

Enfin, les règles de la vie quotidienne dressent autant d'obstacles à un mode de vie harmonieux entre les uns et les autres, puisqu'il y a, dans le Coran, depuis les interdits alimentaires jusqu'aux prescriptions vestimentaires, soixante-dix interdictions précises.

La France ne peut pas accepter que ses enfants obéissent à deux ordres juridiques contraires. Le choix individuel est clair : c'est ou la charia ou la République. Nous sommes devant une question de fond, une question d'immédiate actualité qui n'est pas une question neuve.

Dans une lettre à René Bazin, écrite le 29 juillet 1916, l'ami des Touaregs, Charles de Foucauld, respecté dans plusieurs pays d'islam dont le Maroc, lui-même sensible à la grandeur de la foi musulmane, bouleversé par l'ardeur de leurs prières, s'interroge néanmoins, de manière prophétique sur la question des peuples : « Des musulmans peuvent-ils être vraiment français ? Exceptionnellement, oui. D'une manière générale, non. Plusieurs dogmes fondamentaux musulmans s'y opposent. Avec certains, il y a des accommodements ; avec l'un, celui du Medhi, il n'y en a pas : tout musulman croit qu'à l'approche du Jugement dernier, le *Medhi*, c'est-à-dire l'"envoyé d'Allah" surviendra, déclarera la guerre sainte, et établira

La charia ou la République

l'islam par toute la terre, après avoir exterminé ou subjugué tous les non-musulmans. »

» Dans cette foi, le musulman regarde l'islam comme sa vraie patrie et les peuples non musulmans comme destinés à être tôt ou tard subjugués par lui, le musulman ou ses descendants ; s'il est soumis à une nation non musulmane, c'est une épreuve passagère ; sa foi l'assure qu'il en sortira et triomphera à son tour de ceux auxquels il est maintenant assujetti ; la sagesse l'engage à subir avec calme son épreuve ; "l'oiseau pris au piège qui se débat perd ses plumes et se casse les ailes ; s'il se tient tranquille, il se trouve intact le jour de la libération", disent-ils ; ils peuvent préférer telle nation à une autre, aimer mieux être soumis aux Français qu'aux Allemands, parce qu'ils savent les premiers plus doux ; ils peuvent être attachés à tel ou tel Français, comme on est attaché à un ami étranger ; ils peuvent se battre avec un grand courage pour la France, par sentiment d'honneur, caractère guerrier, esprit de corps, fidélité à la parole, comme les militaires de fortune des XVIe et XVIIe siècles mais, d'une façon générale, sauf exception, tant qu'ils seront musulmans, ils ne seront pas Français, ils attendront plus ou moins patiemment le *jour du Medhi*, en lequel ils soumettront la France. »

Ce texte mérite réflexion. Si la France renonce, sur son territoire, à appliquer ses lois, à faire respecter ses traditions, le communautarisme aura raison de son unité. Dans les régions en voie de contrôle par les communautés comme la Seine-Saint-Denis, on passera, après la phase d'installation, à la phase de revendication puis d'autonomie ; jusqu'au jour où les plus hautes juridictions, saluées par la nomenklatura pour leur audace progressiste, en viendront à accepter l'ap-

La charia ou la République

plication de la charia dans les zones où les musulmans seront désormais majoritaires.

Et puis viendra le moment de la jonction des territoires. Les multiples républiques islamiques se donneront la main pour n'en former plus qu'une seule. Les élites mondialisées entreront dans cette ère postmoderne du « retour du religieux » avec un mélange de crainte et d'excitation, les social-sacristines appelleront, dans les églises transformées en mosquées, à l'« accueil de l'Autre ».

La France abandonnée, silencieuse, suivra le cortège des femmes voilées lançant leurs youyous de joie. Les historiens se rappelleront alors le mot prophétique de Hussein Moussaoui, le chef libanais du mouvement chiite libanais Amal : « Dans quarante ans, c'est sûr, la France sera une République islamique. »

Alors il sera juste temps de mettre un crêpe à la porte des mairies, de coiffer d'une mantille les chaisières médiatiques, en signe de deuil. La République se voilera la face, nous serons submergés par de nouvelles pudeurs. Mais il sera trop tard, quand *Marianne portera le tchador*, trop tard pour s'alarmer, trop dangereux pour protester.

D'où pourrait donc venir le sursaut ? du cœur. Un cri du cœur. Un cri d'amour. Un cri d'amour de la France.

Conclusion

Le constat est rude et pourtant... Pourtant tout a changé en 2005. Les verrous ont sauté. La parole s'est libérée. Nous venons d'entrer dans un nouveau monde. Les deux tentatives pour dépasser la France, pour l'abolir, la dissoudre de l'extérieur, dans le magma européen, et de l'intérieur, dans le magma multiculturel, apparaissent aujourd'hui, depuis l'année 2005 – l'année charnière – durablement affaiblies.

La modernité est passée du côté du patriotisme populaire.

Le premier renversement a eu lieu le *29 mai 2005*. Jusqu'à cette date, on vivait avec le paradigme de François Mitterrand : « La France est notre *patrie*, l'Europe est notre *avenir* » ; en résumé, il y avait d'un côté le *passé*, la nation, de l'autre, le *futur*, la grande fédération supra-étatique européenne.

Depuis le 29 mai, tout est inversé. Le fantasme d'une Europe de cinq cents millions d'habitants qui serait un bloc centralisé, rigide, uniforme, un empire de la norme, est une idée morte, une idée du siècle défunt. Le seul avenir concevable, c'est l'Europe des patries dans un monde de nations. Enfin, on peut reparler de la France, de son rayonnement, de sa sou-

Conclusion

veraineté. La France a de nouveau un avenir. Elle est une idée neuve. On pourra demain à nouveau la citer, l'enseigner, la transmettre, la promouvoir, la porter comme une bonne nouvelle pour la paix du monde.

Ce qui était considéré comme le vecteur de la modernité – l'idée d'un super-État avec une Constitution supranationale – est aujourd'hui regardé comme une séquelle, une queue de comète de l'époque révolue des grandes fédérations artificielles, du temps des Blocs. Au contraire, ce qui était reçu pour passéiste est aujourd'hui considéré comme le probable modèle d'avenir. L'idéologie mortifère de la fusion a fait son temps.

Le second renversement a eu lieu avec les attentats de Londres et la « guerre des banlieues ». Jusqu'à ces événements, nous vivions avec deux aphorismes. Premièrement, « l'immigration est une chance pour la France » ; deuxièmement, « la société multiculturelle est notre destin ».

Depuis la « guerre des banlieues », la digue a cédé sur l'immigration, qui apparaît comme un malheur pour nous et aussi pour les déracinés de la planète. Quant à la « société multiculturelle », elle a installé une France pluriethnique et communautarisée, la France des émeutiers. Ces deux renversements débouchent sur une idée nouvelle, le patriotisme populaire : la patrie ne sera plus reçue demain comme un obstacle à la fraternité cosmique.

La question centrale de la décennie à venir n'est pas l'impôt ou l'Europe, l'École ou le travail, mais une ques-

Conclusion

tion qui transcende, précède et englobe tous ces sujets majeurs ; c'est la question nationale. Que fait-on de la France ? Qui va oser répondre ? Il y aura, dans les générations montantes, des jeunes Français dressés, qui crieront leur faim et leur soif de justice, leur désir charnel de paysages intimes, qui réclameront à cor et à cri qu'on leur rende père et mère, terre des pères et terre des mères, qu'on leur redonne un peu de nos souvenirs perdus, qu'on les sorte de l'amnésie qui a fabriqué des générations d'ahuris. Ces jeunes Français n'accepteront plus que la France soit désignée, à la face du monde, comme une tache de sang sur la carte métaphysique des hontes de la planète.

Ils n'accepteront plus qu'on fasse de notre pays l'astre noir dans la nuit des hommes. La France abandonnée, à la dérive, qui perd ses cerveaux, ses sièges sociaux, ses capitaux, qui regarde, impuissante, ses usines partir en Chine, ses chantiers navals rachetés par la petite Norvège, le géant Arcelor guetté par les Indiens. La France qui se moque d'elle-même, qui s'habille de dérision, qui se déquille et envoie son prestige par le fond, qui délègue l'un de ses porte-avions, le *Charles-de-Gaulle*, à Trafalgar, et l'autre, le *Clemenceau*, à Canossa, sous le regard amusé et gourmand du monde entier.

Mais le moment vient où les bornes de l'inacceptable sont franchies. Parce que c'est une question de vie ou de mort.

Ce moment est arrivé. Le vent se lève. Nous allons vivre.

ANNEXES

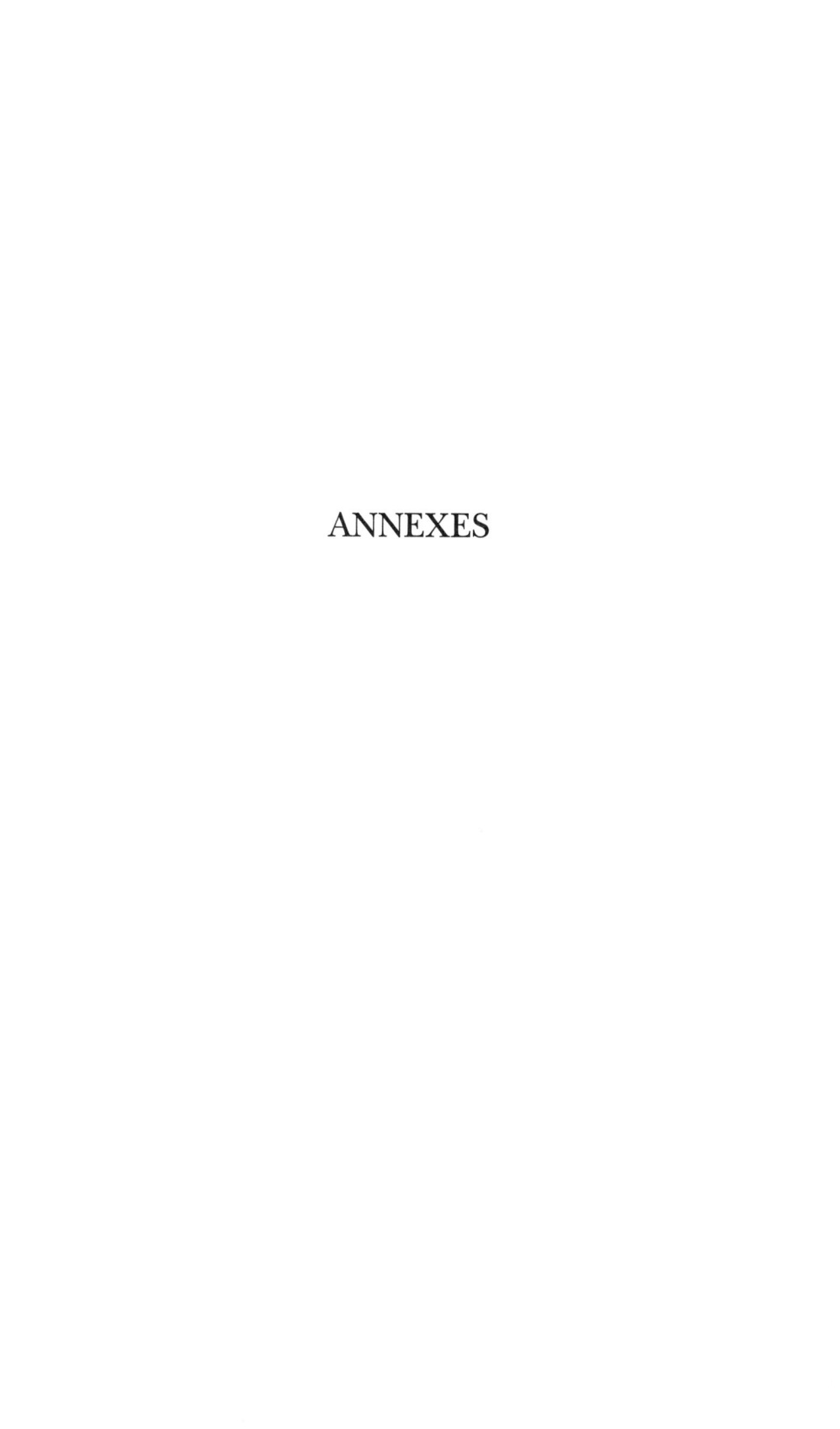

Annexe 1

Note des Renseignements généraux
sur la plate-forme Roissy-Charles-de-Gaulle,
janvier 2006 (extraits)

- Dans le cadre des travaux récemment opérés sur la plate forme, le démantèlement d'un réseau de vols a attiré notre attention. Mercredi 19 octobre 2005, la gendarmerie du transport aérien procédait dans le cadre d'une commission rogatoire délivrée par   à l'arrestation de 22 bagagistes de la société Connecting Bag Services (CBS, siège social à Tremblay en France), pour **association de malfaiteurs et vols en bande organisée**.
- Cette enquête portait sur des vols de téléphones portables dans les bagages des passagers. C'est grâce à l'utilisation par les malfaiteurs de ces téléphones que la GTA est parvenue à démanteler un réseau de spoliation de bagages. Ces vols étaient opérés par des salariés de la société « Connecting Bag Services ».
  - CBS est une filiale de la société European Flight Service, elle même filiale du groupe Vinci.

Il a été procédé récemment au criblage d'une partie des porteurs de badges rouges des sociétés CBS, WFS et BGS. Parmi elles, certains individus sont déjà connus :
  - S., né le   à   demeurant   est connu pour son activité intégriste et son appartenance aux **frères musulmans**.
  - F.R., né le   à   Proche de N.G. Identifié auparavant comme ayant participé à la préparation des **attentats** contre
  - I.A., né le   à   demeurant
    Cet individu revendique son appartenance au **courant salafiste**.
  - R.B., né le   à   Sa *fadet* (relevé téléphonique) a été communiqué à   , il révèle que R.B. est en contact avec M.S., **qui a participé d'un réseau de recrutement de « kamikazes » destinés à commettre des attentats en Irak. M.S. est par ailleurs membre de Ansar al Islam**.
  - M.B., né le   à   demeurant   et H.K., né le   à   , domicile non connu, sont tous deux en relation étroite avec F.G., **coordinateur des frères musulmans sur la plate forme**.
  - M., né le   à   demeurant   M. est délégué syndical et membre du réseau de Ghazaouet. Il se livre régulièrement à des campagnes violentes de prosélytisme dans les chaînes de traitement des bagages.
  - F.K., M.B, G.H fréquentent par ailleurs tous trois régulièrement les salles de prière clandestines de la plate forme
  - D.B., né le   à   demeurant   est quant à lui connu **pour son appartenance au PKK turc**, dont il pourrait être le responsable en France.

14 autres individus sont également déjà connus au sein de ces sociétés pour leur appartenance ou leur proximité avec des mouvances islamistes.

- Le groupe European Flight Service souffre des conséquences de la politique de recrutement suivie depuis plusieurs années, qui pousse l'ensemble des entreprises du site aéroportuaire à recruter systématiquement dans le bassin d'emplois formé du département de la Seine Saint Denis, du Val d'Oise, et de l'Oise. La conséquence de cette politique de recrutement est l'introduction de jeunes délinquants provenant de secteurs à fort taux de criminalité dans les entreprises travaillant pour l'aéroport et dans les zones les plus sensibles de la plate forme. (…) Au sein de certaines sociétés de bagagistes, comme la société CBS, les employés sont *majoritairement musulmans* et sont organisés sur des bases ethniques et religieuses, selon un système de type mafieux. Une enquête poussée a révélé que deux cadres de la société CBS, d'origine maghrébine, ont imposé à CBS un recrutement quasi-exclusif de ressortissants algériens. Ces individus sont tous issus d'une petite ville algérienne du nom de Ghazaouet ou des alentours de cette ville. Ils se sont organisé en réseau au sein de CBS.
- Ghazaouet est une ville portuaire de 30 000 habitants, située à 75 kilomètres de Tlemcen et à 100 kilomètres à l'ouest d'Oran. Depuis 1998, un flux incessant d'habitants de cette région vient alimenter les rangs de la société CBS.
- Sur 758 employés, 77 sont originaires de la ville de Ghazaouet. 31 employés proviennent par ailleurs des villes avoisinantes. Trois individus ont été identifié comme étant à l'origine de la création de ce réseau. K   , qui est encore propriétaire à Ghazaouet, A   également propriétaire d'un bien immobilier à Ghazaouet, M   , né à Ghazaouet. M   est par ailleurs connu par sa hiérarchie pour ses propos anti-français et, selon ses propres termes, pour son « dégoût à l'égard du mode de vie occidental ».
    o Nota : sur l'évolution des embauches, on est passé de 8% en 1998 à 13 % en 2005, avec des pointes à 17 % en 2001 et 2003.
- K.   est le coordinateur du réseau de Ghazaouet. Par l'intermédiaire de ce réseau, K.   **contrôle totalement le recrutement des intérimaires.** Il est en contact direct avec plusieurs salariés de l'entreprise de travail temporaire RANSTAD, eux mêmes originaires de la ville de Ghazaouet. D'après des informations provenant de la société d'interim UNEPI présente sur l'aéroport, K.   fermerait les portes de CBS aux autres agences d'interim afin de privilégier l'agence RANSTAD. Cette société est le plus gros pourvoyeur d'emplois intérimaires sur la plate forme de Roissy. Certains de ses cadres musulmans favoriseraient discrètement le recrutement d'individus au profil islamiste afin de développer le prosélytisme et la prépondérance musulmane sur l'aéroport.

- Les deux premières têtes du réseau Ghazaouet se rencontrent durant leurs séjours à Ghazaouet. Sur place, les deux hommes recrutent des volontaires pour l'émigration vers la France et leur intégration au sein de CBS. Ils fournissent aux candidats de faux certificats d'embauche à en-tête de l'entreprise française. Ils procèdent aux démarches auprès de la représentation diplomatique française et obtiennent les documents indispensables à une entrée sur le territoire. Il existe un accord entre la France et l'Algérie qui permet au titulaire d'un certificat d'embauche d'obtenir un titre de séjour valable un an. K.   et ses complices prélèveraient au passage une contribution sur ces immigrants. Chef incontesté du réseau Ghazaouet, secondé efficacement par A. et M.   , K.   se comporte en véritable tyran à l'égard des employés français de CBS et des intérimaires, se substituant à la véritable direction de l'entreprise. Aucun recrutement ne peut avoir lieu sans son aval.
- K.   s'oppose à l'embauche des français de souche. Les employés français présents dans la société sont systématiquement évincés de toute promotion au profit des salariés musulmans. Il s'agit ni plus ni moins que d'un apartheid ethnique et religieux. K.   n'exerce plus son obligation professionnelle et il provoque un véritable désordre pouvant nuire à la circulation aérienne, les employés étant laissés dans un abandon total en ce qui concerne le traitement des bagages.
- Dans son projet de maîtrise complète de CBS, K.   est activement assisté par M.   Celui-ci, représentant syndical, participe de la politique du chef de réseau en exerçant des chantages syndicaux auprès de la direction de l'entreprise, qui n'est bien sûr, pas informée de la mise en place de ce réseau. Sur l'aspect pratique, la totalité des membres du réseau Ghazaouet est chargée des transferts de bord à bord. Ces opérations consistent à assurer, au cours des correspondances, le transport des bagages d'un avion à l'autre, sans contrôle de sécurité ; ces valises en provenance d'un aéroport étranger, déchargées des soutes du premier aéronef, sont réputées sécurisées par l'aéroport de provenance. Cette situation stratégique au sein du dispositif d'assistance des avions a des conséquences évidentes en matière de sûreté.
- Les faits ainsi décrits sont le reflet de l'atmosphère qui règne sur l'ensemble du site tant dans les zones réservées (pistes, zones bagages, zones techniques), que dans les entreprises. Islamistes et délinquants des cités oeuvrent de concert pour placer l'aéroport sous la loi de la charia, usant de menaces à l'encontre des cadres et rares employés d'origine française. Il s'agit également d'éliminer la main d'œuvre non musulmane du tissu professionnel de la plate-forme.
- L'ensemble des services compétents présents sur la plate forme, RG, PAF, DST, DGSE, Douanes et GTA ont peu à peu pris conscience de cette situation alarmante. Le sous préfet de Roissy est, quant à lui, tout à fait conscient de la réalité de ce problème. La société ADP, toute préoccupée à dissimuler sa longue gestion catastrophique en vue de sa privatisation proche, n'a pas un instant de disponible.

Annexe 2

Rapport interministériel
adressé au Premier ministre
sur la mise en œuvre des mesures de sûreté
sur l'aéroport du Bourget, octobre 2005

MINISTERE DES TRANSPORTS, DE L'EQUIPEMENT,
DU TOURISME ET DE LA MER
MINISTERE DE L'INTERIEUR ET DE L'AMENAGEMENT DU
TERRITOIRE
MINISTERE DE L'ECONOMIE, DES FINANCES ET DE L'INDUSTRIE
MINISTERE DES AFFAIRES ETRANGERES
MINISTERE DE LA DEFENSE

RAPPORT SUR LA MISE EN OEUVRE DES MESURES DE SÛRETÉ SUR L'AÉROPORT DU BOURGET

Rapport rédigé dans le cadre du travail interministériel demandé par le cabinet du Premier ministre au secrétariat général de la défense nationale (SGDN) sur la problématique des aérodromes secondaires. Il présente les conclusions du groupe de travail interministériel conduit par la direction générale de l'aviation civile (DGAC) et consacré au cas de l'aérodrome du Bourget.

DIFFUSION RESTREINTE

PARIS, 9 JUIN AU 6 OCTOBRE 2005

Mise en œuvre des mesures de sûreté sur l'aéroport du Bourget

Sommaire :

Sommaire : 2
1   Introduction : 3
2   Le contexte : 4
   2.1   Spécificités de la plate-forme du Bourget 4
   2.2   Le contexte réglementaire 5
3   La mise en œuvre des mesures de sûreté : 6
   3.1   Les déficiences constatées 6
   3.2   Problématique de la zone centrale 7
       3.2.1   Rappel du contexte 7
       3.2.2   Les options possibles 7
       3.2.3   Chiffrage et faisabilité 8
   3.3   Problématique du traitement des convois 8
       3.3.1   Rappel du contexte 8
       3.3.2   Difficultés rencontrées 8
       3.3.3   Traitement des convois officiels et personnels diplomatiques 9
       3.3.4   Traitement des convois non officiels et passagers VIP 10
       3.3.5   Synthèse 10
   3.4   Titres de circulation délivrés aux ambassades 10
       3.4.1   Procédures de délivrance 10
       3.4.2   Problèmes évoqués 11
4   Conclusion – actions proposées : 11
   4.1   Conclusion : 11
   4.2   Actions proposées : 12
       4.2.1   Mise en conformité par rapport aux exigences réglementaires : 12
       4.2.2   Accès à la zone centrale d'activités : 12
       4.2.3   Traitement des personnalités, des convois, et des badges délivrés aux ambassades : 12
Annexes : 15

1. Plan des installations du Bourget
2. Critères des obligations des exploitants d'aérodromes et des transporteurs aériens en matière d'inspection filtrage des passagers et de leurs bagages de cabine (IFPBC)
3. Plan des actions correctives (PAC) le Bourget suite aux audits sûreté réalisés par le GESAC (4, 5 et 6 mars 2003) et MSD (24 mars 2004) - Mise à jour au 30 septembre 2005
4. Chiffrage et faisabilité des options relatives à la problématique de la zone centrale d'activités sur l'aéroport du Bourget
5. Procédures pour le traitement des convois officiels et des autres types de convois
6. Renforcement des mesures de sûreté sur l'aérodrome du Bourget (note ADP – point au 29 septembre 2005)
7. Programme d'action sûreté pour le Bourget (note de la préfecture de Seine-Saint-Denis – point au 30 septembre 2005)
8. Comptes-rendus des 5 réunions du groupe de travail Le Bourget.

1 Introduction :

- En réunion le 30 juin 2004, le cabinet du Premier ministre a demandé la création d'un groupe de travail interministériel sur la sûreté des aérodromes « secondaires ». Dans le cadre de ce travail mené par le secrétariat général de la défense nationale (SGDN), la direction générale de l'aviation civile (DGAC) a été sollicitée pour organiser un groupe de travail interministériel consacré à l'aérodrome du Bourget.
- Le présent rapport fait suite aux travaux de ce groupe auquel ont participé des représentants de la police aux frontières, de la gendarmerie des transports aériens (GTA), des douanes, des services du préfet, du ministère des affaires étrangères (MAE), des services de l'aviation civile, mais également des représentants de la société Aéroports de Paris (ADP), lors des cinq réunions suivantes, dont chacune fait l'objet d'un compte rendu joint en annexe :
  - le 9 juin 2005 : présentation de la plate-forme du Bourget et de la problématique associée à la présence d'entreprises de transport aérien et d'une forte activité industrielle en zone centrale de l'aérodrome, dans l'actuelle zone réservée ;
  - le 12 juillet 2005 : revue des diverses options pour l'accès entre l'actuelle zone publique et la zone centrale d'activités, du chiffrage et de la faisabilité de ces options ;
  - le 2 août 2005 : traitement du problème des convois officiels et du nombre de titres de circulation délivrés aux ambassades, avec le service du protocole du MAE ;
  - le 9 septembre 2005 : revue de la question des convois dits « non officiels », pour les personnalités VIP - *very important person* ;
  - le 27 septembre 2005 : relecture et finalisation du présent rapport, discussion sur les conclusions et actions proposées.
- Ce rapport vise :
  - à exposer les problématiques liées aux spécificités de l'aérodrome du Bourget (aviation d'affaires et présence d'une forte activité de maintenance) ;
  - à proposer les mesures à mettre en œuvre pour corriger les déficiences constatées sur cette plate-forme en vue du respect de la réglementation « sûreté » au Bourget.

2 Le contexte :

2.1 Spécificités de la plate-forme du Bourget

- Premier aéroport d'affaires d'Europe, situé à huit kilomètres de la capitale et de ses centres de décision, l'aéroport de Paris le Bourget ouvre aux entreprises l'accès à plus de cinq cents villes dans le monde. La facilité d'accès, la rapidité des opérations d'embarquement et débarquement en font la plate forme privilégiée des hommes d'Etat français et étrangers comme des hommes d'affaires de toutes nationalités.
- Le Bourget constitue un des pivots autour duquel s'articule la relance économique du territoire de la Plaine de France. L'aéroport accueille plus d'une centaine d'entreprises spécialisées dans les activités aéronautiques et para aéronautiques, représentant 4 500 emplois
- Le trafic annuel sur l'aérodrome du Bourget s'élève à 85 000 passagers ; il appartient à la liste dite « L0 »[1] des aéroports dont le trafic annuel est supérieur à 70 000 passagers. 55 000 mouvements d'avion par an y sont effectués, dont environ 400 par des gros porteurs (masse maximale au décollage supérieure à 75 tonnes). L'essentiel de l'activité de transport aérien réalisée sur cette plate-forme est consacrée à l'aviation d'affaires. Une douzaine d'opérateurs, installés pour la plupart le long de la limite zone publique/ zone réservée côté est de la plate-forme, se partagent ce domaine :
    - 5 opérateurs pratiquant la location de voyages ;
    - 4 opérateurs spécialisés dans l'assistance ;
    - 2 opérateurs d'entreprise ;
    - 1 opérateur privé indépendant.
- L'aéroport couvre une superficie totale de 557 hectares dont 481 pour la zone réservée. Il inclut une partie militaire, à l'ouest.
- L'aéroport reçoit tous les deux ans le salon aéronautique du Bourget, objet de mesures de sûreté spécifiques, hors du champ du présent rapport.
- Les avions exploités sont généralement de petite taille : il s'agit dans la quasi totalité d'avions de moins de 25 tonnes, certifiés pour une capacité maximale inférieure à 25 sièges et exploités pour la plupart avec 8 à 10 sièges seulement.
- Les aéronefs d'une capacité effective inférieure ou égale à 25 sièges peuvent être exploités sur l'aéroport du Bourget[2]. Dans la pratique, certains aéronefs d'une capacité supérieure à 25 sièges effectuent des mouvements à destination du Bourget mais ils sont alors exploités avec un maximum de 25 passagers à leur bord.
- La plate-forme du Bourget se caractérise également par l'absence d'une aérogare centrale, toutefois un projet d'aménagement d'une future aérogare commune à deux compagnies aériennes est en cours. 12 terminaux privés situés le long de la « frontière » Est permettent l'accès des passagers en zone réservée.
- Il existe un seul passage routier entre la zone publique (ZP) et la zone réservée (ZR ; le poste Fox), aménagé et armé par l'exploitant de l'aéroport (ADP). Les installations sont donc dispersées et les dispositifs de sûreté morcelés.
- L'activité de transport aérien ne concerne toutefois que 14% des employés de la plate-forme ; l'aérodrome du Bourget est également spécialisé dans une activité industrielle diversifiée (maintenance, réparations, entretien et tests, ...) dont ADP prévoit l'augmentation importante à moyen terme.

---

[1] Cf. artcile 13 de l'arrêté du 12 novembre 2003 relatif aux mesures de sûreté du transport aérien.
[2] Cf. arrêté du ministre chargé des transports du 15 novembre 1994 relatif à la répartition du trafic intracommunautaire au sein du système aéroportuaire parisien (article 6).

- Une grande partie de ces activités (1 000 personnes environ travaillant dans les domaines de maintenance et transport aérien) est localisée en zone centrale de la plate-forme, dans l'actuelle zone réservée[3]. La question de la mise en œuvre des mesures de sûreté dans cette zone centrale est posée.
- Les divers services de l'Etat sont représentés sur l'aérodrome du Bourget avec :
  - la présence d'une brigade de la gendarmerie des transports aériens (BGTA – effectif de 14 personnes), rattachée à la compagnie GTA de Paris-Charles de Gaulle ;
  - 26 agents de la DPAF (1 officier, 1 brigadier major, 22 gardiens de la paix et 2 adjoints de sécurité) ;
  - 23 agents des douanes implantés sur la plate-forme[4].

2.2 Le contexte réglementaire

- L'aérodrome du Bourget n'est pas dérogatoire au sens de l'article 4.3 du règlement n° 2320/2002 du Parlement européen et du conseil du 16 décembre 2002 relatif à l'instauration de règles communes dans le domaine de la sûreté de l'aviation civile, et il est donc de ce fait soumis aux règles fixées par les réglementations européenne et nationale en matière de sûreté.
- Le règlement précité[5] de même que la réglementation nationale (notamment l'arrêté du 12 novembre 2003 et la décision n° 051582 du 8 juillet 2005 relative à la mise en œuvre des contrôles d'accès à la zone réservée et de l'inspection filtrage pour les exploitants d'aérodrome, les entreprises de transport aérien, les entreprises ou organismes qui leur sont liés par contrat et les personnes morales autorisées à occuper ou utiliser la zone réservée), fixent, entre autres, les règles d'inspection filtrage applicables aux personnes et aux passagers pénétrant dans la zone réservée[6], et aux objets qu'ils transportent (bagages de cabine, de soute, etc.).
- La réglementation nationale[7] prévoit aussi que pour les avions de moins de 14 passagers, et en cas de fermeture (ou d'absence) d'installations communes (aérogare), l'inspection filtrage des passagers et des bagages de cabine (IFPBC) n'est pas nécessaire[8] ; toutefois, dans ce cas, les exigences en matière d'inspection filtrage lors de l'accès en zone réservée s'appliquent normalement.
- Les obligations pour les exploitants d'aérodrome et les entreprises de transport aérien en matière d'IFPBC sont rappelées dans le tableau joint en annexe 2.
- Compte tenu du trafic (85 000 passagers) et de la faible capacité de la plupart des aéronefs exploités sur la plate-forme, les passagers qui embarquent au départ du Bourget devraient donc être soumis soit à une IFPBC à charge du transporteur (cas des passagers embarquant sur des avions de capacité strictement supérieure à 14 places et strictement inférieure à 20 places), soit uniquement aux obligations relatives à l'accès à la zone réservée ou aux parties critiques quand celles-ci sont mises en œuvre (cas des passagers embarquant sur des avions de capacité inférieure ou égale à 14 places).

---

[3] Cf. annexe 1 : plan des installations du Bourget.
[4] Pas d'information sur les équivalents temps plein des effectifs des douanes et de la police aux frontières qui se consacrent aux tâches de sûreté pour l'aérodrome du Bourget.
[5] Cf. annexe du règlement n°2320/2202 :
  - article 2.3 pour l'inspection filtrage du personnel
  - article 4.1 pour l'inspection filtrage des passagers
  - article 4.3 pour l'inspection filtrage des bagages de cabine
  - article 5.2 pour l'inspection filtrage des bagages de soute.
[6] Zone de sûreté à accès réglementé selon la terminologie européenne
[7] Cf. arrêté interministériel du 12 novembre 2003 relatif aux mesures de sûreté de transport aérien.
[8] Cf. article 39 de l'arrêté ci-dessus.

- En outre, la mise en œuvre prochaine des « parties critiques »[9] va renforcer les exigences en matière d'inspection filtrage des personnes, de leurs bagages, et des véhicules, et introduire de nouvelles dispositions de sûreté, dont les modalités seront fixées par arrêté préfectoral.

3 La mise en œuvre des mesures de sûreté :

3.1 Les déficiences constatées

- Un audit sûreté a été réalisé en mars 2003 sur l'aérodrome du Bourget. Une inspection complémentaire a été menée par deux auditeurs de la DGAC le 24 mars 2004 afin d'évaluer l'avancement du plan d'actions correctives (PAC) engagé sur l'aéroport suite au premier audit. Le tableau joint en annexe 3 présente les non-conformités relevées lors de ces audits ainsi qu'un état d'avancement des actions menées et celles qu'il reste à mettre en place.
- Il ressort du premier audit qu'un nombre important d'observations de « niveau 4 »[10] avaient été relevés quant à l'application des mesures de sûreté relatives à l'étanchéité de la zone réservée, aux procédures applicables aux personnels et aux passagers, à l'inspection filtrage des bagages de cabine, à la procédure en cas de découverte d'articles prohibés, à la qualification et à la formation des personnels.
- L'inspection complémentaire réalisée un an plus tard par la DGAC a permis de constater que plusieurs non conformités de « niveau 4 » avaient été corrigées.
- Néanmoins, sur l'ensemble des recommandations faites, seules quelques-unes ont fait l'objet d'une mise en conformité ou d'une avancée :
  - renforcement de la clôture ;
  - mise en place de conventions d'accès privatifs entre ADP et les entreprises situées en zone frontière ZP/ZR (mais seules 3 des 12 entreprises concernées ont signé une telle convention) ;
  - aménagement en cours d'une aérogare d'affaires pour deux compagnies de transport aérien, équipée d'un poste d'inspection filtrage et prévue.

Certains des partenaires présents sur la plate-forme du Bourget montrent une certaine inertie à appliquer la réglementation en matière de sûreté.

---

[9] En application du règlement (CE) n° 1138/2004, entré en vigueur le 1er juillet 2004, il est défini des parties dites « critiques » de la zone de sûreté à accès réglementé (appellation communautaire de la zone « réservée ») dont le calendrier de mise en œuvre est le suivant :

a). Tous les membres du personnel, y compris les équipages, ainsi que les objets qu'ils transportent, subissent une inspection filtrage avant d'être autorisés à pénétrer dans toute partie, dite critique, de l'aéroport dans laquelle des passagers inspectés filtrés en partance, ainsi que leurs bagages de cabine inspectés filtrés, peuvent passer ou avoir accès, et qui se trouve à l'intérieur des aérogares de passagers.

b). En outre, à compter du 1er janvier 2006, tous les membres du personnel, y compris les équipages, ainsi que les objets qu'ils transportent, subissent une inspection filtrage avant d'être autorisés à pénétrer dans les parties définies au paragraphe a) ci-dessus, mais qui ne sont pas à l'intérieur des aérogares de passagers ;

c). À compter du 1er juillet 2007, tous les membres du personnel, y compris les équipages, ainsi que les objets qu'ils transportent, subissent une inspection filtrage avant d'être autorisés à pénétrer dans toute partie d'un aéroport dans laquelle des bagages de soute inspectés filtrés en partance peuvent passer ou être gardés, sauf si ces bagages ont été sécurisés.

Une circulaire interministérielle relative aux parties critiques, définissant les conditions de leur mise en œuvre sera adressée prochainement aux préfets qui en fixeront les modalités d'application par arrêté préfectoral.

[10] Niveau 4 : non conformité majeure, point qui doit être amélioré.

Annexe 3

Rapport interministériel remis au ministre
de l'Économie et des Finances sur
le fonctionnement administratif et budgétaire
de la DPAF de Roissy / Le Bourget,
janvier 2006 (extraits)

RÉPUBLIQUE FRANÇAISE

| Inspection générale des finances | Inspection générale de l'administration | Inspection générale des services judiciaires | Inspection générale de la police nationale |

Mission d'audit de modernisation

Rapport

sur le fonctionnement administratif et budgétaire de la DPAF de Roissy / Le Bourget

Etabli par

| **Anne BERRIAT** | **François CAILLETEAU** | **Jean-Guy de CHALVRON** | **Christophe MAZOYER** |
| Inspection générale des services judiciaires | Inspection générale des finances | Inspection générale de l'administration | Inspection générale de la police nationale |

- Janvier 2006 -

MINISTÈRE DE L'ÉCONOMIE
DES FINANCES ET DE L'INDUSTRIE

RESUME DU RAPPORT

Dans le cadre du programme d'audits de modernisation, dont les principes ont été définis par le Gouvernement le 27 juillet 2005 et repris dans une circulaire du Premier ministre le 29 septembre 2005, une mission d'audit constituée de représentants de l'IGF, de l'IGA, de l'IGSJ et de l'IGPN a été chargée d'examiner le fonctionnement administratif et budgétaire de la direction de la police aux frontières de l'aéroport de Roissy.

I-Objet de l'audit

Si la direction de la police aux frontières (DPAF) de Roissy peut sembler, à certains égards efficace (contrôles des titres aux portes des avions, rapidité des délais de ré-acheminement des non admis, baisse de la délinquance sur la plate-forme), elle ne dispose pas pour autant des outils lui permettant de justifier d'un emploi rationnel des moyens engagés.

La forte croissance récente des effectifs du service (environ1 750 agents y sont affectés dont 58 fonctionnaires administratifs) et l'importance de son budget de fonctionnement courant et d'équipement (environ 15 M€, hors rémunérations et charges sociales dont le montant n'est connu avec certitude) conduiisent donc à s'interroger sur les moyens nécessaires à une rationalisation de son organisation.

Dans cette mesure, la mission s'est fixé les trois objectifs suivants :

- faire un état précis du fonctionnement actuel de la direction
- identifier les principaux leviers d'amélioration de l'efficacité de l'usage des ressources dont elle dispose
- améliorer les modalités du pilotage du service par la direction centrale.

II- Les éléments de diagnostic établis

Un certain nombre de dysfonctionnements ont été établis ; Ils concernent à la fois le cadre juridique dans lequel s'inscrivent les missions exercées par la DPAF de Roissy, les modalités du pilotage du service, son organisation interne et les moyens dont il dispose pour conduire son action et en assurer la gestion.

a) un défaut de coordination et d'unité

L'autorité du sous-préfet chargé depuis deux ans de la plate-forme de Roissy est insuffisamment reconnue par tous les services de l'Etat représentés sur la plate forme et elle ne permet pas d'entretenir des rapports équilibrés avec ADP, Air France et les autres compagnies aériennes.

b) une absence de rationalisation de la gestion budgétaire

L'éparpillement des responsabilités a abouti à une dérive des coûts, en particulier au niveau des personnes non admises sur le territoire, en instance de rapatriement (coût moyen de 1600 € pour moins de 2 jours de présence sur le territoire)

Par ailleurs, la DPAF n'a aucune autonomie budgétaire et dépend d'un grand nombre de structures qui soutiennent sa gestion (7 au total, dont la Préfecture de police de Paris, la direction départementale des affaires sanitaires et sociales de la Seine-Saint-Denis ou le SGAP de Versailles).

c) une organisation interne insuffisamment simplifiée

La profonde restructuration basée sur une logique de métiers (police de l'immigration, sécurité générale, sûreté) réalisée, il y a un an, a laissé survivre une division fourre-tout rassemblant des activités disparates qui concernent pour partie les missions d'immigration (unité d'éloignement), de sécurité publique (BAC, compagnie d'intervention) et de sécurité-sûreté (brigade canine).

d) une capacité d'investigation ne prenant pas suffisamment en compte la délinquance organisée :

Alors que l'existence, sur la plate-forme aéroportuaire de faits de délinquance et de criminalité organisées est connue de l'ensemble des intervenants, la DPAF n'est pas à même, en l'état, de traiter ces affaires particulièrement importantes et complexes.

e) l'absence de cadre formalisé pour le dialogue de gestion

Les demandes en effectifs supplémentaires de la DPAF de Roissy sont simplement relayées, telles quelles, par la direction centrale. Cela s'est traduit par une forte augmentation des effectifs de la DPAF depuis 5 ans beaucoup plus rapide que le trafic des passagers (39,6 % contre 12,3 %).

f) Inexistence d'outils de pilotage

Il n'existe aucun outil de type tableau de bord permettant de suivre de manière synthétique et régulière l'évolution de l'activité et la charge de l'ensemble des unités et absence de tout indicateur de performance.

III- Les recommandations formulées par la mission

C'est d'abord à l'Etat de mettre en place de meilleures structures locales de coordination et de renforcer l'exercice de son autorité sur l'exploitant tant pour pallier les insuffisances du dispositif de sûreté et de sécurité que pour améliorer une gestion budgétaire critiquable. Mais c'est aussi à la DPAF de passer à un stade supérieur d'organisation et de pilotage pour assurer ses missions en utilisant mieux ses importants moyens.

a) Assurer l'unité de commandement en matière de police de l'immigration d'une part et de sécurité-sûreté d'autre part

Dans cette perspective, il conviendrait reconnaître au directeur de la PAF de Roissy une autorité exclusive sur les missions de police de l'immigration et, à l'inverse, de confier à un membre du corps préfectoral de haut niveau, placé directement auprès du préfet de Seine-Saint-Denis et délégué par lui, la responsabilité exclusive des missions de sécurité et de sûreté sur la plate-forme.

b) Clarifier l'organisation du service
Il conviendrait de mettre en œuvre rapidement un schéma d'organisation où les missions de contrôle de l'immigration, de sécurité générale de la plate-forme et de sûreté du transport aérien soient clairement distinguées, puis de lui donner la forme officielle d'une instruction et supprimer les structures qui n'entrent pas directement dans ce champ de compétence.

c) Accroître les capacités d'investigation dans la lutte contre la délinquance et la criminalité organisées
Il conviendrait de constituer rapidement une unité d'investigation judiciaire très qualifiée, spécifiquement dédiée à ces infractions.

d) Instaurer un véritable dialogue de gestion
Ce dialogue mériterait d'être établi sur la base d'une négociation où les besoins en effectifs seraient satisfaits en contrepartie d'objectifs clairement identifiés (et en ne prenant pas comme seul critère la croissance du trafic des passagers), sur la base d'un effectif de référence compris entre 1750 à 1800 agents pour l'année 2006.

e) Créer une structure interne de pilotage des missions et des interventions
Il conviendrait de doter le centre d'information et de commandement de moyens adaptés, de se donner les moyens, à travers une main courante informatisée, de pouvoir apprécier l'activité de chacune des structures constitutives de la direction et de s'appuyer sur un contrôleur de gestion pour diffuser dans le service la culture de la performance.

f) Institutionnaliser les rapports avec ADP
Il serait utile de constituer une instance co-présidée par l'autorité désignée pour assurer la coordination des services de l'Etat sur la plate-forme et le directeur ADP de Roissy afin qu'ils deviennent plus équilibrés et que le cahier des charges fixant les obligations de l'exploitant soit respecté.

g) Concentrer les responsabilités budgétaires
Il serait opportun de rassembler dans un budget opérationnel de programme unique toutes les dépenses afférentes aux missions exercées par la DPAF de Roissy, y compris toutes celles qui ont trait à la gestion de la zone d'attente des personnes en instance de reconduite dans leur pays d'origine

Dans la perspective d'une responsabilisation des compétences budgétaires au plus près des préoccupations réelles du service, il conviendrait de faire renégocier directement par le responsable du BOP les conditions financières de la mise à disposition par ADP des locaux, aménagements et places de stationnement nécessaires à l'exécution des missions de la PAF, du rachat du bâtiment de la ZAPI et de la plupart des contrats et conventions visant à externaliser les prestations réalisées au profit des personnes en instance.

En conclusion, l'ensemble des recommandations qui figurent dans le rapport devrait avoir, pour impact, de stabiliser les effectifs de la DPAF-Roissy à hauteur de leur niveau actuel, c'est-à-dire entre 1750 et 1780 agents et surtout de favoriser, dès l'année 2006, la réalisation d'économies budgétaires substantielles, d'environ 2 à 3 M€ en crédits de fonctionnement dont une partie (environ 10%) pourrait être restituée au gestionnaire.

Annexe 4

Rapport du directeur de la Police des frontières
des aéroports de Roissy-Le Bourget,
remis au ministère de l'Intérieur,
sur la problématique de l'islam radical
sur la plate-forme aéroportuaire,
22 juin 2005 (extraits)

MINISTERE DE L'INTERIEUR
DE LA SECURITE INTERIEURE ET DES LIBERTES LOCALES

DIRECTION GENERALE
DE LA POLICE NATIONALE

Roissy, le 22 juin 2005

DIRECTION CENTRALE
de la POLICE AUX FRONTIERES

DIRECTION DE LA POLICE AUX FRONTIERES
AEROPORTS DE ROISSY CDG – LE BOURGET

DIRECTEUR

DCPAF/DPAF/DIR/N°
Section information

Le contrôleur général Jean-Yves TOPIN
Directeur de la police aux frontières
des aéroports de Roissy Charles de Gaulle – Le Bourget
à
M. le directeur central de la police aux frontières

O B J E T : Problématique de l'islam radical sur la plate forme aéroportuaire.

J'ai l'honneur de vous transmettre une étude détaillée et actualisée, réalisée par la section information du service, concernant la problématique de l'islam radical sur la plate forme aéroportuaire de Roissy Charles De Gaulle.

Cette synthèse a été effectuée par le groupe renseignement de la section information, en parallèle des autres missions qui lui sont attribuées.

L'activité de la section est en forte hausse depuis l'élargissement de ses effectifs, ainsi 844 notes ou flashs d'information ont été transmis durant l'année 2004 (619 en 2003).

Les missions principales attribuées à ce groupe sont de deux ordres à savoir :

* Une mission de contrôle transfrontière

Les actes terroristes, perpétrés depuis le 11 septembre 2001, continuent de mobiliser l'action de tous les services de renseignements occidentaux et à cette occasion, la mouvance islamiste, à travers toutes ses ramifications, aura, encore une fois, été le sujet de la rédaction de nombreuses notes. Ce sont 453 notes (253 en 2003 et 158 en 2002) qui ont été rédigées sur la mouvance islamiste, à travers toutes ses ramifications, signalant le ssage de 501 français (355 en 2003, 332 en 2002) et 210 étrangers (222 en 2003, 169 en 2), essentiellement maghrébins résidents en France ou installés en Europe Occidentale e leurs déplacements à l'étranger ou à l'occasion de leur retour en France.

- 1 -

Ces personnes, connues comme militants potentiellement actifs ou nouvellement convertis, ont donc été signalées à tous les services spécialisés.

L'action de la Section Information, aura permis, dans le domaine de l'activité transfrontière, la mise en œuvre de **242** fiches **S**, **1** fiche **T**, **3** fiches **TE**, **1** fiche **E** et **1** fiche **PT**.

* Une mission de renseignement concernant les employés de la plate forme

Sur le plan de la sécurité intérieure, des notes d'information relatives aux entreprises (700 entreprises employant quelque 78 000 personnes sont implantées sur le site aéroportuaire de Roissy Charles de Gaulle) ont été transmises à la DCPAF. Ces notes mettaient l'accent sur l'emploi de personnes pouvant être défavorablement connues ou pouvant se livrer à du prosélytisme religieux.

Ces différents écrits ont été rassemblés au sein de dossiers de synthèse concernant quelques sociétés, lesquels ont été transmis aux autorités afin de les informer de la concentration sur la plate-forme aéroportuaire d'employés retenant l'attention des services spécialisés en matière d'islam radical.

Ces informations ont été obtenues en partie grâce à une collaboration étroite des services de renseignements extérieurs à la plate-forme de ROISSY tels que les Renseignements Généraux des départements 93, 95, 77, 60 et 75 dans lesquels résident la majorité de ces employés.

La présente synthèse a pour objet de réunir toutes les informations collectées durant cette dernière année, afin de mieux pouvoir appréhender la problématique de l'islam radical sur la plate-forme aéroportuaire de Roissy CDG.

L'étude de cette problématique se présentera de la façon suivante :

PLAN

I- **Présentation de l'emploi sur l'aéroport de ROISSY CHARLES DE GAULLE (5-7)**

II- **Environnement de sociétés.**

    A - Société CBS (Connecting Bag Services)

        1- Individus ayant travaillé au sein de la société
        2- Individus travaillant toujours au sein de la société

    B - Les sociétés de sûreté

    C - Les lieux de culte clandestins au sein des sociétés

I- **Situation d'individus travaillant, ou ayant travaillé sur la plate-forme, dont la situation mérite d'être signalée.**

    A- Individus ayant attiré l'attention du service

    B- Individus dont la situation intéresse la DCRG

IV - **Déplacements à LA MECQUE**

    A- les individus connus au FPR

    B- Les nationalités représentées

    C- Les individus travaillant ou ayant travaillé sur la plate-forme

    D- Les départements représentés

V - **Problématique de la délivrance des badges**

    A - Individus signalés lors de la synthèse annuelle 2004

        1- Fédéral Express
        2- Chronopost
        3- Europe Handling
        4- Cas isolé

    B - Les sociétés de sûreté : le double agrément

        1- La procédure
        2- Les problèmes rencontrés en matière d'Islam Radical

VI - **Conclusion**

IV - Déplacements à LA MECQUE

La Direction de la Police Aux Frontières de l'aéroport de Roissy Charles de Gaulle a procédé, lors des départs et des retours, au contrôle des passagers effectuant le pèlerinage à La Mecque (Arabie Saoudite).

Du dimanche 26 décembre 2004 au samedi 12 février 2005, la Direction a contrôlé, lors des départs et des retours, les passagers effectuant le pèlerinage à La Mecque (Arabie Saoudite).

Les départs de pèlerins effectuant le Hadj se sont échelonnés du dimanche 26 décembre 2004 au jeudi 13 janvier 2005. Les retours, quant à eux, se sont échelonnés du dimanche 23 janvier 2005 au samedi 12 février 2005.

Durant cette période, ceux-ci se sont rendus en Arabie Saoudite à bord de vols spéciaux et réguliers, au départ de CDG 1 et du Terminal 3. A l'issue du Hadj, les pèlerins ont regagné le territoire national de façon similaire.

Les vols spéciaux concernaient les compagnies :

- SAUDI ARABIAN AIRLINES (Médine/Jeddah).
- AIR MASTERS (Médine/Jeddah).
- YEMENIA (Médine via Sana'a au Yémen).

Pour les vols réguliers, il s'agissait principalement des compagnies :

- CYPRUS AIRWAYS (Jeddah via Larnaca à Chypre).
- EAGLE AVIATION (Médine).

D'autres compagnies ont également acheminé les pèlerins à destination, ou en provenance, de l'Arabie Saoudite mais de façon plus marginale. Il s'agit notamment de :

- GULF AIR (Jeddah via Doha au Qatar).
- EMIRATES (Jeddah via Dubaï aux Emirats Arabes Unis).
- NOUVELLE AIR TUNISIE (Jeddah via Monastir en Tunisie).
- AIR FRANCE (Jeddah ou Riyad).
- AIR MEDITERRANEE (Jeddah).

Ainsi, la Direction de la Police Aux Frontières de l'aéroport de Roissy Charles de Gaulle, a contrôlé au total une cinquantaine de vols environ au départ, représentant entre **9000 et 10 000 passagers**. Au retour, une soixantaine de vols environ a été contrôlé représentant entre **11 000 et 12 000 passagers**.

Cette différence de vols contrôlés s'explique du fait que, des milliers de pèlerins ont été bloqués à La Mecque et que davantage de vols charters ont été affrété pour palier à cette situation.

Des notes d'information ont été rédigées à l'issue du pèlerinage à La Mecque, concernant **264 passagers lors des départs** et **313 passagers lors des retours**. A partir de celles-ci, il a pu être mis en évidence :

Annexe 5

Affichette promotionnelle
pour les salariés de la plate-forme de Roissy,
avec tarifs privilégiés
pour le pèlerinage annuel
de La Mecque

Date de départ :
du 8 janvier au 10 janvier
Le Retour le 5 Fèvrier

قافلة الهداية للحج و العمرة

*** Al Hidaya Caravan ***

Haj 2004

nous vous proposons des forfaits interessants

à Partir* 1790 €

LE FORFAIT COMPREND :
Billets A./R. Chèques Saoudis
(transports internes, tentes à mina et Arafat)
Logement à la Mècque et à Médine. Assistance.

خدمات ممتازة واسعار مشجعة وفرصة ثمينة

FORMALITÉS OBLIGATOIRES :
Passport (+6 mois) . Photocopie carte de résidence R°/V°. 6 Photos
Vaccin Antiméningite : A.C.Y.W 135. Attestation consulaire (ressortissants Marocains)

Dérnier délai d'inscription : le 19 Décembre 2003

Pour plus de renseignement **contactez nous** :
Port. 06 61 73 01 56 ou 06 64 66 60 14
Tél. : / Fax : Drancy : 01 48 31 97 53

ATTENTION :
DERNIER DELAI D'INSCRIPTION LE **19 DECEMBRE 2003** !

Table

Introduction 9

   I. L'infiltration 13
  II. Un État aveugle 35
 III. L'école sous surveillance 55
 IV. Une intimidation qui s'étend chaque jour.. 77
  V. La France glisse dans le communautarisme... 97
 VI. La « guerre sainte » arrive chez nous 119
VII. L'Europe islamisée 137
VIII. Ce qui nous attend : la dhimmitude 153
 IX. L'impossible « islam de France » 167
  X. Enrayer le déracinement.................. 181
 XI. Une politique d'immigration zéro 197
XII. La charia ou la République 211

Conclusion 231

Annexes 235

DU MÊME AUTEUR
AUX ÉDITIONS ALBIN MICHEL

Lettre ouverte aux coupeurs de têtes et aux menteurs du Bicentenaire, 1989.

La chienne qui miaule, 1990.

Notre Europe sans Maastricht, 1992.

Avant qu'il ne soit trop tard, 1993.

La société de connivence, 1994.

Dictionnaire du politiquement correct à la française, 1996.

L'aventure du Puy du Fou, 1998.

La machination d'Amsterdam, 1999.

Vous avez aimé les farines animales, vous adorerez l'euro, 2001.

La 51ᵉ étoile du drapeau américain, 2003.

Quand les abeilles meurent, les jours de l'homme sont comptés, 2004.

Les turqueries du grand Mamamouchi, 2005.

*Composition Nord Compo
Impression : Imprimerie Floch, avril 2006
Éditions Albin Michel
22, rue Huyghens, 75014 Paris
www.albin-michel.fr*

ISBN : 2-226-17264-5
N° d'édition : 24492 – N° d'impression : 65696
Dépôt légal : avril 2006.
Imprimé en France